天毛　伸一

Tenmo
Shinyichi

［日］天毛伸一　著
邓超　译

独立不羁

blayn

[reddot]

[product]

[product]

7

[story]

[story]

[story]

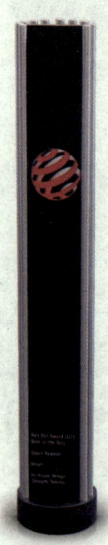

blayn
-
Tenmo Shinyichi

[Contents]　目录

[Preface]　　　　前言　　　　　　　　　　　　　2

[Part One]　　　第一章　踏上路途　　　　　　　1
[Part Two]　　　第二章　美国　　　　　　　　　41
[Part Three]　　 第三章　就业　　　　　　　　　75
[Part Four]　　　第四章　创业　　　　　　　　　103
[Part Five]　　　第五章　进军东京　　　　　　　137
[Part Six]　　　 第六章　收购　　　　　　　　　179
[Part Seven]　　 第七章　十年后　　　　　　　　201

[Postscript]　　　后记　　　　　　　　　　　　　214

前　言

"天毛先生，十分遗憾……是恶性的。医生说我能活过三年的概率不超过3%。"我永远都忘不了，那一天他对我说出这句话的画面。

那一年，他才25岁，我31岁。他得的病是"颅内肿瘤"，恶性癌症的一种。

在商业战场，创业的前三年被称为"死亡之谷"，因为这个阶段是最容易面临倒闭的。而那段艰难的日子，是他一直陪着我，互相支撑着走过来的。

现在，好不容易抓住机会，公司运转终于步入正轨，他却不幸地遭遇了这样的事情。

在这个世界上，凡是拥有生命的人，都无法逃避死亡。无论你多么渴望活着，总有一天会被命运之手推向死亡，并且无力反抗。

想到这里，我才明白"时间即生命"。

今年，是我创业的第15年，而我已经从那个意气风发的青年变成了41岁的中年男人。因为拥有企业经营者的身份，我有幸有很多时间和年轻人一起度过。从他们身上，我常常看到自己年轻时的影子，比如他们常说："我好迷茫啊，不知道自己未来应该干什么，总想做点事，但完全不知道从哪里做起。"

的确，每个人都有过这样的阶段，我也不例外。年少的时候，虽然很不甘心地想着，人生如此短暂，时光如此宝贵，我真的不想留下任何遗憾，一定要全力以赴地活一回。但现实往往是，虽然心有所愿，却迟迟找不到究竟怎样做才算活得精彩。

在这本书中我将会与读者朋友分享，一度陷入迷茫的我是怎样找到人生方向的，也会写到他短暂的戛然而止的生命是如何走过来的。

如果这本书，能带给你哪怕小小的影响或者一点点改变，我都会感到无比荣幸。

此书虽不足道，但我坚信，其中一定有一些能改变人生的东西，至少我自己就是这样一步一步成长到现在的。

在这本书中，我不想站在一个企业经营者的立场，而更想以一名普通男人的立场来写。这不仅是我精彩生活的证明，也是他努力活过的证明。

[Part One]
旅のはじまり

第一章　　踏上旅途

[1995年1月17日凌晨]

伴随着"嗡"的一声巨响，我从睡梦中被惊醒，随即感觉到房间地面传来明显的震感。

接着，楼下传来餐具摔碎的声音。我还没反应过来，整个房间在转瞬之间就陷入了剧烈的摇晃之中。大量灰尘从天花板上飘落下来，柱子也随之嘎吱嘎吱作响，还能听到一阵阵此起彼伏的尖叫声。昏暗的光线中，我看到电视机和音响被晃到了空中，书架也一次次撞击着墙面，翻着筋斗似地倒下了。

我艰难地直起上半身，却发现连跪也跪不稳。本能地，我迅速拿起被子捂住了头部。几乎同时，我感觉到有什么东西直直地撞击在了我头部后方。回过神来，才发现地上尽是摔碎的玻璃碴子，原来，有一个巨大的玻璃摆件摔碎了。我心有余悸地想，要是没有蒙住头部，那后果……

伴随着强烈的恐惧感，一阵战栗在体内蔓延开来。然后，摇晃变得更剧烈了。虽然我事后知道，摇晃其实只持续了短短二十秒，但即使现在想起来，也感觉漫长得像五分钟十分钟那么难熬。

过了一会儿，震感消失了，家里终于恢复了安静。这时候，我听到父亲的声音："大家都没事吧，没事的话回答一声。"接着，我听到了母亲和妹妹的应答声。我也想喊一声"没事"，但发现因为吸入了太多尘土而叫不出声来。

拉开窗帘，我看到窗外被染成一片暗红的空气中，几缕黑烟袅袅升起，远方传来刺耳的警报声。

房间里一片狼藉，根本无处下脚，我慌忙走下了楼梯。一路上我看见家里所有的家具几乎全部面目全非，横七竖八地躺在屋子里，冰箱和电视机等家电也像被主人抛弃了一样，可怜地倒在地上。电、燃气、水管……这些我们赖以生存的"生命线"，转瞬之间纷纷陷入了瘫痪状态。

还有半小时左右，天就快亮了。我想在这种时候，黎明对大家来说，仿佛就是获救的希望。迷迷糊糊中，闹钟响起，到了平时起床的时间。若是往日，这本应该是一天的生活拉开帷幕的时候。

不知道大家都还好吗？

想到朋友们，我担心不已。这时，我看到了地上的摩托车安全帽。

"放心，我就是出去看看。"我说。

"不行，现在还很危险，不要出门。"

但我依然不顾爸妈的制止，坚持出了门。

到了楼下，我扶起被地震震倒的摩托车，发动引擎，就这样出发了。一路上，风嗖嗖地刮过，但奇怪的是，这一次我丝毫没有觉得冷。目光所及之处，尽是地震留下的"足迹"，那些场面，用"悲惨"一词来形容毫不为过。

空气中有火苗升起。四处都弥漫着橡胶、塑料、木材等被烧焦的刺鼻味道。一些被破坏的水管喷出巨大的水流，偶尔还能听到煤气爆炸的声音。

平常这时候还空无一人的街头，早已站满了不安的行人。看得出大多数人慌乱之中什么也没带就逃了出来，有的人则在睡衣外面随手套了一件夹克外衣，有的人干脆披着毛毯就出来了。

街上的每个人都面无表情，大家都茫然无措地站着。也有人朝着已经被震毁的家的方向声嘶力竭地呼唤着亲人的名字。环顾四周，好像谁也不知道该怎样接受这突如其来的悲惨事实。

街上的车辆几乎也不动了。准确来说，应该是开不了了，信号灯也失灵了。柏油马路到处都裂开了缝隙，或者凹陷了，红黏土和砂石全都裸露在外。

这时，我经过了一处人群。因为人群太拥挤无法通行，我只好将摩托车靠边停了下来。我走向人群想看看情况，有人告诉我，前方一座木制的屋子里，有人被生生活埋了。

我朝着前方望去，那里破碎的瓦砾堆积成山，完全看不到有人存活的希望。人们就算想施救也完全无计可施。我想，这才是真正的束手无策吧。然后，一阵绝望的无力感袭来，我不禁流下了悲伤的眼泪。

就这样，我第一次真正意义上目睹了生命是多么的脆弱，在灾难面前，人的生命如纸屑一般，只能听天由命。

▽　　▽　　▽

在确认大家是否安全的途中，我内心仿佛有不好的预感。心脏一直扑通扑通地狂跳不止。为了缓解这种高度紧张的心情，我将摩托车开得飞快。后来想想，要是这会儿发生余震，必定会翻车。

但是不知道怎么，我完全没有想过将加速器慢下来。也许是早已做好心理准备，命数天定，该来的早晚会来。既然出发了，就坚决不能回头，必须头也不回地走下去。

我的第一个目的地是 JR 甲子园口。其实这里离我家并不远，但这天由于震后交通各种不便，本来平时只用二十分钟的路程，竟然花了一个多小时才到。对着车站的北口，本来有一座大的建筑，但这会儿早已没了踪影，完全被震塌了。看到废墟上熊熊燃烧的火焰，我不由得心头一紧。

一个朋友就住在旁边的公寓，幸好那里还好好的，没有起火的迹象。互相确认了彼此都是安全的之后，我终于舒了一口气。地震发生之后我一直联系不上他，交通也被中断了，在见面之前，我一直很担心，莫非真的出了意外。但我真的没有想到，当我真正见了面确认朋友安全的时候，竟然会这么高兴。

接着，我带着从朋友那里借来的便携式带收音机的耳机，马上向下一个目的地进发了。这次地震，波及到以阪神地区为中心的很大范围，其中一些地区还发生了严重的火灾。突发地震，灾难频仍，救火工作开展得也很不顺利，更糟糕的是，高速路也在同一时间发生了坍塌。

JR 和私营铁路全线封路。地震导致交通完全陷入了瘫痪之中，伤亡人数也在不断增加。

太可怕了！我开车疾驰，触目可及的景象远远比广播里播报的悲惨得多。就眼前的情况来看，真正的受灾程度也许是报道中的数十倍。

一路上，几乎所有的旧木公寓都倒塌了，不计其数的人不幸被埋在了残垣断壁之下。没有水来救火，水管、电气、煤气等也全部中断。这个寒冷的1月，果真是个黑暗难挨的冬天啊。

在这场灾难中究竟有多少人受灾呢？我光想想就觉得脊背冰

凉。在确认好几位朋友都是安全的之后,我折回往家走。途中,我专门去看了看阪急伊丹站的情况。在这个车站中,有一家我父亲经营的店铺。

但当我看到眼前的景象的时候,我难过得说不出话来。原本好好的车站就像突然被压瘪了一样,面部全非。我浑身一软,膝盖也颤抖了起来。

▽　　▽　　▽

回到家中,本想告知父亲车站那边的情形,但父亲不知道从哪里听到的消息,早就已经了解情况了。就这样,转瞬之间,我们家失去了车站店铺的几乎所有财产。我站在一旁,不知该说点什么好,这时,父亲突然喃喃地说道:"财产没了虽然很遗憾,但至少我捡了一条命啊!"

因为地震如果晚三个小时发生,父亲就会身处店铺之中,一定会为此失去生命的。可能父亲其实想说:这些失去的身外之物,总有办法找回来,但生命有且仅有一次,在这样的灾难面前,能侥幸活下来就是万幸了。

果然,在真正的灾难面前,人的本能就会被激发出来。因为这些事情,是平时绝对无法明白的。所以父亲一句抱怨的话也没有说。或许他只是在我们这些孩子面前故作坚强,没有表现出来吧。总之,父亲的反应让我肃然起敬:原来我的父亲真的是个铁骨铮铮的男子汉啊!

记忆里,父亲一直隐忍沉默,而且性格倔强。整个童年,我都不记得他陪我玩过一次,我也不曾对他撒过一次娇。可以说,我的父亲是一位名副其实的"严父"。

中学时,我进入叛逆期,开始故意与父亲作对。虽然在家里故作乖巧,但一走出家门就完全变成了另外一个人。一次,我犯了一个父亲最无法容忍的错误。

那天,被警察一番审讯之后,父亲来领我回家。出了警察局,父亲只说了一句"上车",就打开了车门。

车开上了高速,父亲猛地踩下了油门,我看到车窗外的风景飞快地后退着。我不禁转眼看了一下车速表,上面的指针指向了时速180千米。下一秒钟就是转弯,飞速行驶的车轮发出急促、巨大的摩擦声。因为惯性,我的身体撞在了车门上。速度实在太快,在高度紧张之中我感到一阵窒息。

从警察局出来后,父亲一直默不作声,为什么上了高速突然把车开得这么快呢?我怎么也想不明白。接着,车驶下了高速公路,这时候父亲终于开了口,他平静地说:"要是你下次再犯同样的错误,我就这样开车带着你,一起去死。"

不是要杀了我,而是要带着我一起去死。我能听得出来,父亲说这话绝对不是开玩笑,我吓得一句话也不敢说。

如果父亲说的是"我要杀了你!"也许我会变得更叛逆。但他没有这么做,而是为了让我迷途知返,不惜赌上自己的性命。

正是因为这次的事情,我第一次清晰地看到了父亲对我那无与伦比的爱,所以从那以后我再也没有做过叛逆的事。

是父亲,用他的背影教会了我怎么做一个真正的男人。他只需要把自己生活的姿态让我看到,只需要把他恨铁不成钢的决心让我看到。那之后，虽然父亲还是那个沉默寡言的父亲，但他给我的爱，对我来说已经足够了。

我想，这就是真正的父子，就算不用语言，也能让对方感觉到自己的心意和爱。

▽　　▽　　▽

那次名为"阪神·淡路"的大地震发生时，我刚好20岁。高中毕业后，我不想直接参加工作，而是想一直游手好闲下去。我固执地以为，上大学毫无意义，只不过是拖延进入社会的时间罢了。

那段时间，我每天都很忙，不是在打工就是和朋友们没日没夜地玩耍，完全没有想过未来要做什么，要怎么生活下去。偶尔和朋友聊起这样的话题，就会有人说：

"别说这些一本正经的，有什么好着急的啊！"

大家都觉得，在毕业之前还有大把的时间等着我们，我们可以慢慢去思考未来，似乎所有人都没有紧迫感。

就在这个时候，一场灾难从天而降。在这次地震中，共有6400余人丧生，我身边也有亲友因此失去了生命中最重要的人。这时我才知道，认为大学不过是为了拖延进入社会的时间，这样的想法有多么任性无知。

可问题是，即便认识到了又能如何？毕竟我整日无所事事，对任何事都提不起兴趣。突然想要改变，简直是做白日梦。我为自己的愚蠢懊恼不已。

在这个世界上，存在这样一些人，他们虽然很想活着，很努力地活着，但却没办法做到。而且就算能活到今天，也没有任何人能保证可以活过明天。这个时代，意外越来越多，没有人知道下一秒会发生什么。

就这样，这次地震灾难之后，一度迷茫的我开始思考生命的脆弱与短暂。

最重要的，是我终于意识到了一点——时间即生命。

如今回想起来，假如我未曾经历过那次地震，也许真的会过着完全不一样的人生。不，不是也许，是一定。在那之前，甚至连"每个人生命中所拥有的时间都是有限的"这么简单且重要的事情，我都不懂得。于是，这次地震成为我人生中一个重要的转折点，在那之后，我开始认真思考如何利用有限的生命，更有意义地活着。

▽　　▽　　▽

地震后，做每件事情之前，我都会问自己——

"我想做什么？"

"我应该怎样活着？"

在那之前的 20 年中，我一次都没有想过这些事情，所以对于怎么找到这些问题的答案，我束手无策。

到底应该怎样找到生活的目标呢？我百思不得其解。但无论你有没有目标，时间仍然会一天天地流逝着。在日复一日的迷茫之中，我渐渐感到了焦虑和不安。

我暗暗祈祷，就算找不到什么大的目标，找到个小小的目标也行啊，我迫切希望能早点找到一件让自己充满热情的事情。就在我陷入迷茫的时候，我的一位朋友——高中同学长石男给了我启示。

高中毕业后，石男完成了自己的计划——一个人去冲绳旅行。

一个月后他旅行归来，我们相约在一家餐厅见面。在那里，我们彻夜长谈，他滔滔不绝地跟我分享了在旅途中遇到的有趣的人和事，以及当时感受到的很多东西。

不知道到底听他说了多久，突然，一个念头在我的脑海划过。

"一个人去不会觉得孤独吗？"我问道。

从不示弱的他有些不好意思地回答："不瞒你说，其实我一直都很孤独……"接着，他若有所思地补充道："但这种孤独，是好事。"

我看得出来，他这么说一定不是因为逞强，但那时我完全不明白其中的深意。孤独竟然是好事……到底是为什么呢？我满心疑惑，也不知道他有没有注意到。

他继续往下说着："我建议你也一定要去一次。不要和朋友一起，要自己去。每个人年轻的时候，真的都应该有一次这样的旅行。"我分明看见，他的言语中透着我从未见过的坚定。

他接着说，人应该在十几岁二十来岁一个人出发旅行，因为这个时候的我们，阅历尚浅，心思单纯，对事物的感知往往是最纯粹、最宝贵的。一旦进入社会之后，再出发旅行就晚了。所以，一个人的旅行一定要趁早。

好像完全没有来由，他满腔热情地跟我分享了自己的经历，也不知道为何,他竟然一下子跟我说了这么多,并且如此信誓旦旦,言之凿凿。

听完之后,我非常好奇,一个人的旅行到底有着怎样的魅力呢?

既然好友都这么说了,我一定也要挑战一回。

但是我一定不要做别人做过的事,我突然冒出了微妙的不服输的心理。那好,走吧,一个人去旅行吧!

"我,要出国旅行啦!"

趁着一时的热情,我放下豪言。但当话说出口之后,我立马就后悔了。可说出去的话就像泼出去的水,无法收回。这一次,轮到他目瞪口呆了。

"那你的英语怎么办,你根本就不怎么会讲吧?"

"既然要出发,这些细节就不要在意了,肯定会有办法解决的。是你先说的啊,不要想太多,出发就对了!"

"对啊,好像也是!"朋友大笑着说。就这样,我下定决心一定要让这次旅行成行。

虽然内心有诸多不安,但无论如何我都想挑战一次,于是我把目的地定在了地球另一边的美国。

定好目的地之后,我很快就用自己之前打工存下来的 304 万日元存款买了机票。就这样,我人生中第一次一个人的旅行开始了,这段旅行为时三个星期,期间我先后去了洛杉矶和旧金山两座美国城市。

▽　▽　▽

出发之前，朋友给了我以下几条建议：

不要先定好住宿地，也不要定好去哪儿。

可以带一本攻略书，但下了飞机一定要扔掉。如果不认识路，就找当地人问。

在旅途中，要完全相信自己的直觉，并依此行动。

走到哪算哪，重要的是旅途中邂逅的风景。旅行就应该如此，一切都顺其自然。

我内心暗自嘀咕着"都是什么乱七八糟的啊"，但还是乖乖按照朋友说的去做了。虽然朋友给我分享了很多经验，但毕竟是我有生以来第一次一个人远行，内心难免有几分忐忑。

经过了漫长的九个小时飞行，飞机终于抵达了洛杉矶。在飞机上，我一刻也不曾闭眼，一直在读一本名叫《走遍全球》（日本大宝石株式会社出版，原书名《地球の歩き方》）的旅行指南书。不过一下飞机，我就按照朋友所说的，把书扔掉了。

下了飞机后，我决定第一站去往好莱坞，因为我特别喜欢看电影。但上哪儿去坐巴士呢？我完全搞不清我停在了哪里，四下张望半天，还是一片迷茫。果然，朋友说得对，这种时候最好的办法就是去找人问路。

首先，我询问了身旁的机场保安，但两个人完全没办法交流。一方面是因为对方的讲话速度太快，我一个字也听不懂；另一方面是因为我的英语发音也存在很大问题，对方也爱莫能助。然后，我又问了另外好几个人，但结果都一样——一无所获。

站在陌生的城市，语言又不通，而且连登机前买的旅行指南书也被我扔掉了，一瞬间，我陷入了绝对无助的状态。

"完了完了，这下惨了……"我听到另外一个自己这样说着。

落到如此窘地，连巴士都没办法搭乘。我的内心也发生了巨大的变化，再也没有心情享受一个人的旅程了……

但我很快冷静了下来，眼下的当务之急就是渡过这个难关。经过分析，我发现最大的问题，就是出在语言上。因为自己英语口语能力太差，听也听不懂，说也说不明白。要是继续这么下去，眼看就要走投无路了。

这时，我想到了一个好办法，既然口头上说不成，那可以试试纸面交流啊！

幸好，我英语的读写能力还行。大学时为了考试拼命学习英语，这会儿终于派上了用场。于是，我从包里拿出便签纸和笔，飞快地写下："我想去好莱坞，请问应该去哪里坐巴士？"

这个方法果然奏效了。看到我的纸条，身旁那位黑人保安笑得前仰后合，他一边忍俊不禁地晃动着发福的小腹，一边好心地给我写下了问题的答案。就这样，在几近绝望的困境中，我终于看到了一丝希望的曙光。

过了一会儿，我按照那位保安朋友给出的地址，顺利搭上了开往好莱坞的巴士。只要有了正确的地址，小学生也能找得到啊。虽然不是什么了不起的大事情，我却体会到了前所未有的成就感。

对啊，正如出发前那次朋友跟我说过的，一个人的旅行最重要的，就是做什么、要去哪、怎么去，所有的都只能靠自己，自己做每一个决定，然后自己承担所有的结果，没有任何人可以依赖。而且当一个旅行者连攻略书都没有的时候，能够相信的就只有自己的直觉和行动力了。

"所以，无论要寻找什么，无论要做什么事情，都会非常有感触。"果然，朋友说的都是对的，我如今也算深刻地体会到了其中的意味。

这次旅行我学到的第一课，就是如果想做某件事情，并且是发自内心地想做，就无需瞻前顾后，果断去做就可以。

只要鼓起勇气去尝试，一切问题都会迎刃而解，摆在眼前的选择也会越来越多。任何事情，只要踏出了第一步，剩下的事情就随机应变，边走边想就足够了。

我深刻地明白了一个道理，重要的不是先想好一切才出发，而是为了能更好地思考，必须先行动起来。因为没有什么能比思考更有价值。从那以后，这个道理对我的人生产生了巨大的影响。

▽　　▽　　▽

不用去想住哪儿，也不用去想目的地，旅行指南也扔了。我当时的情形，就和出发前朋友跟我说的一模一样。三周之后，我的第一次美国之旅顺利结束了。通过这次旅行，我隐隐约约有了几分自信，相信无论走到哪里，自己都有能力生存下来。

回到日本后，我产生了一个念头：好嘞！下一站，挑战东南亚吧……

于是，我出发向书店走去。到了书店，我随手翻开了一本名为 *Abroad* 的杂志，上面载有很多特价机票信息。那时候还不能在互联网上订票，看杂志是唯一了解航班信息的途径。

先找找看有没有便宜的机票吧！抱着这个念头，我几乎翻遍了杂志的每一个角落。终于，我看到了一条信息，虽然时间是指定的，但往返机票竟然只需3万日元。目的地是菲律宾的马尼拉。

马尼拉是菲律宾的首都。之前我对这个城市全无了解，只是曾经听说过这个名字。我查阅资料了解了一下，从大阪起飞的话，只需要四个小时即可抵达。

菲律宾由大大小小七千多个岛屿组成，是亚洲唯一一个说英语的国家。记得当时的旅行手册上赫然写着"菲律宾治安环境差，请游客注意安全"。

"那又如何，这种事儿我根本不放在心上……"我暗想。

最重要的是机票便宜，我的目标就是哪儿便宜去哪儿。我快速买好了机票，又一次一个人出了国。和上一次美国之行一样，我依然是一下飞机，就第一时间丢掉了攻略书。

到了马尼拉，我第一个想去的地方，就是马尼拉首屈一指的不夜城埃尔米塔（Ermita）区。

该地区虽然是出了名的治安混乱，但有一点好处，就是有很多专门为背包客开放的廉价小旅馆。刚下飞机，我就坐上了一辆专线巴士，看着窗外的风景，我的心情不由得紧张了起来。这里和美国完全不是一码事，街道坑坑洼洼，破烂不堪，坐在巴士上就像是身处风浪中的小渔船一样晃来晃去。

街道两旁的房屋看上去也简易极了，我猜想，若是台风一刮，一定东倒西歪，转瞬之间便可化为一片狼藉。这画面，跟我在日本所理解的"家"，完全不是一回事儿。

在这里，很少见正儿八经的混凝土建筑，也看不见木制的房屋，全是临时搭建的木板房。这些建筑的数量，比起地震之后的日本受灾地建立起的临时住房要多得多。

当巴士开到一个十字路口的时候，又发生了让我震惊的一幕。就在我们等红灯的时候，道路前方突然跑出来一个十岁上下的小孩，他光着脚，穿着一身破旧的脏衣服，大声地朝着车内的乘客叫喊着什么。我打开窗户，想看看到底发生了什么事，仔细一看，才发现这个小孩是在卖东西。

他小小的身体上扛着一个看起来很重的大箱子，里面装着香烟、口香糖等小商品，香烟是一支一支地卖，口香糖也是一粒一粒地卖，一辆辆过往巴士上的乘客就是他们的顾客。

这么小的孩子，大白天的光着脚走在街道上，还出现在车辆来来往往的十字路口，有多么危险，是可想而知的。

▽　　▽　　▽

从机场离开大约二十分钟，巴士就到达了目的地埃尔米塔区。我很快就找到了住宿的地方，这里特别便宜，一晚上只要500日元。但条件非常一般，房间的面积大约只有三个榻榻米那么大，而且既没有洗手间也没有洗澡的地方。放眼望去，除了一张又破又脏的床垫之外，什么都没有。

另外，这里光线和通风都很差，房间里又热又湿，更难以忍受的是，居然还弥漫着一股浓浓的食物腐烂的恶臭。

最可怕的是，房间里完全没有任何安全设施。

首先，房间的门十分简易，看上去轻轻一踹就会坏掉。虽然这里提示说每个住户携带的贵重物品可以存放在前台，但我对前台的安全性其实也十分怀疑。当然话说回来，我身上也没有什么值得特别在意的贵重物品，所谓的行李也只有一个简单的帆布包，里面装的都是些生活必需品。

　　唯一需要注意保护的，应该就是自己的生命吧。我自顾自地想了一会儿，然后就揣着护照和现金上街了。

　　你一定不难想象，这里的街道上也没有什么可逛的，建筑物没什么美感，空气质量也不怎么好。更糟的是，因为这天刮着风，空气中飘着各种垃圾，一起风就能闻到乱七八糟的臭味。

　　许多褴褛不堪的流浪者在街头攒动。在这些流浪者之中，我还看到了一个抱着孩子的母亲。满是碎石子的街道上，一群年幼的孩子光着脚跑来跑去。在这里，无论是大人还是孩子，看上去都无事可做，每个人都只是呆呆地坐在街头，茫然地望着天空，从那些呆滞的目光中，我看不到一丝希望。

　　看到这些人的生活，我的内心受到了很大的触动，觉得在这样的景象面前，任何语言都是苍白的。

　　过了一会儿，一群陌生的孩子慢慢向我靠拢，当我还在错愕地打量这些孩子的时候，他们已经渐渐地把我包围了起来。

　　初涉这片陌生的土地，我也是第一次遇到这种情况，不知道他们为什么偏偏选中了我，难道是因为平时很少见到日本人吗？

　　正当我游移不定，本能地准备闪躲的时候，他们一窝蜂地围住我，拉扯着问我要这要那。不对，不仅仅是孩子，我发现一些怪模怪样的大人竟然也混在其中。

　　这时我才意识到，不妙，这样下去对我来说太危险了。

　　于是，我在街角的路边摊买了一件T恤、一条短裤和一双拖鞋，一共500日元。为了看起来更像当地人，更好地融入当地的生活，我尽量穿得看上去穷一些。

事实证明，我的决定是正确的。当我换了一身新买的装扮走在街上，再也没有孩子们过来围住我。无论是乞丐还是模样奇怪的大人，谁都不会多看我一眼。那是我有生以来第一次感受到入乡随俗的重要性，这也是旅行教会我的事情之一。

在这次住宿的地方，我遇到了一位日本人。

这位同胞皮肤被晒得有些黝黑，头发也乱蓬蓬的。他面容消瘦，眼睛有些凹陷，但意外的是，他的眼里竟然闪烁着奇怪的光。

我们互相自我介绍了一下，我得知他名叫安井。

安井曾经是一名日本财政部官员，担任着重要职位，属于国家的栋梁之材，用今天的话说，就是财务部的精英。

当时的我完全无法想象，一位曾经身居高位的官员怎会落得如此地步，住在这么廉价的旅馆。

安井说，他的夫人和孩子目前生活在东京。

来到这里之后，他的生活就是整日同妓女们饮酒作乐。后来，他在埃尔米塔区重新建立了家庭。

48岁的他，嘴里常常念着一句话："人生苦短啊！"

也许是因为他的年龄跟我父辈差不多，所以他对我格外关照。

听完他的故事，我感慨万千。

原来，从小时候开始，他就一直是一个乖巧懂事的孩子，非常听话，也曾经在父母铺好的人生轨迹上毫无怀疑地走着。

大学从东大毕业后，他通过了高级国家公务员考试，顺利进入国家财政部就职。按照父母的期待，他终于算是成功了。然后经由领导介绍，他娶了一位所谓门当户对的人家的女儿。

明明应该是人人羡慕的人生，但突然有一天，他的内心开始变得不安："难道我真的要一辈子这么生活下去吗？"

为了名利和财富，真的就要做着自己完全不喜欢的工作，日复一日地忍受下去吗？人生，原本是多么短暂啊。

日复一日，他越来越为日本的"同侪压力"[1]感到窒息。

记忆中这是我第一次听到大人的真心话。其实，我们年轻的时候，这样的机会是不可多得的。

大学时代，身边都是跟自己差不多大的人，偶尔在打工的地方遇到一个三四十岁的人，也完全没有机会与他们谈心。但如果是一个人出来旅行的话，情况就不一样了。

因为只要是在旅途中遇到的人，无论年龄差距多大，我都可能被当作普通男性，互相平等开放地交流。

而且无论对方是四十岁、五十岁，都不会把我当作二十来岁的小年轻，可以完全敞开心扉和我交谈。

最重要的是，在旅途中我们完全有足够的时间去倾听对方的心事，所以交流也会格外愉快。

还有一个原因，也可能是因为身在遥远的异国，难得遇到和自己一样来自日本的同胞，而那种奇妙的同乡的感觉会增加彼此之间的亲近感和信任感。

一个人的旅行，最大的魅力或许就是如此——在旅途中，我们可以遇见平时没有机会遇见的人，也可以听到日常生活中听不

---

[1] 指来自年龄、地位等与自己相近的平辈的压力。

到的大人们的心里话。

在旅行的过程中，我们也有更多的空间和时间去思考自己到底想变成怎样的成年人，想过什么样的人生。通过一次次新的体验和相遇，这些问题的答案都会渐渐变得明晰。

▽　▽　▽

在大学的长假期间，我以亚洲为中心，一个人背上行囊去了很多国家。当然，我的旅行不仅限于出国。

记得那段时间，我曾骑着心爱的400CC（CC即毫升，代表摩托车发动机的排气量）的摩托车，载着帐篷和睡袋，几乎走遍了北起北海道、南至九州的整个日本。

每当有人问我最喜欢日本的什么地方。我都会毫不犹豫地回答，我最喜欢的地方是北海道。

去往北海道有一条海上路线，是从当地兵库县日本海边的舞鹤港出发，大概航行二十一个小时，最终抵达小樽港，船票非常便宜，加上我的摩托车，一共才两万日元。

在这艘船上，我遇到了一位和我差不多大的青年男子。他也和我一样，一个人去北海道旅行，因为年龄相仿，我们很快成为了朋友。

那天晚上，我们俩坐在甲板上，畅谈了许久。

记得那一晚，除了单调的引擎声和船头与波浪相撞的声音，四下一片寂静。当我抬起头仰望天空，生平第一次看到了满天闪烁的繁星。就是在这片美到令人惊叹的星空下，两个刚刚相遇的年轻男子彻夜长谈,交换了许多彼此的心事。

因为了有了这次长谈,我们都对接下来的旅程期待万分。我们还约好,两周之后在知床的 rider house 再会。

对了,rider house 指的是专门为骑行者开放的住宿场所。一晚上只需 500 日元。没有单人间。

每个房间的面积大概都在三十个榻榻米左右,每个来这里住的人都会自带睡袋,然后横七竖八地随地躺着。

这些 ridder house 的老板,一般都是年轻的时候来北海道旅行,然后爱上这里,辞职来开店的。

对于我们两人来说,这都是一场完全没有任何约束的自由自在的旅行。在那样的情况下,要想违反约定简直易如反掌。再加上当时的我们,谁也没有带手机或任何可以联络对方的工具,根本没办法联系上彼此。

但没想到,两个星期后我们竟然真的在知床的 rider house 如约见面了。我到现在都还清晰地记得,那一刻的感动真的难以言喻。

见面之后,他告诉我,在经过旭川附近的时候,他的摩托车坏了,花了两天时间才修好。当时,他本来都差不多打算要放弃我们的约定了。

而我呢,一个人去了夕张(日本北海道中部城市)的向日葵花田,但途中不幸被野蜂蜇了一下,然后就人事不省了,醒来的时候发现自己竟然已经躺在医院。后来才知道自己是被当地的一个老爷爷发现,好心送到医院的。事后想来,依然心有余悸,那可完全是九死一生的危险情况啊。

如今这个年代，只要手里有一部手机，无论位于世界上的什么地方，几乎都能立即取得联络。如果两个人之间有什么约定，期间情况临时有变，也可以随时联系对方，然后做出合适的调整。

像我们这样，仅凭一个口头约定，如果其中一个人发生了什么意外无法按时到达约定的地方，就不可能见得到第二次了。

对于当时的我来说，要想爽约可以找出很多理由。但无论如何，我都想如约抵达，而且不管对方来不来，我也一定要去。

因为在我看来，对于一个男人来说，言出必行是很重要的品质。

而且我内心深处坚信，所谓人跟人之间的约定，本就应该如此。

于是，到了约定的那天，我们都如约出现了。再次见面，我们又聊了整整一夜。因为拥有一样的价值观，所以聊起来十分投缘。

所谓约定，大概就是这样的感觉吧，说出口的话就是有分量的。我至今都记得，当年在旅途中，我曾遇到过这样一个人，我们之间曾经发生过那样一段相遇和再会。

后来，我们又立下了另外一个约定，那就是不去询问彼此的联系方式，就此别过。若是有缘，总有一天会再次相遇。

回忆起来，从当时分开到现在，时间已经过去了整整二十年，但我们至今也没有再相遇过。对了，他的名字叫纯也。

那时候的纯也说，自己的梦想是做一个中学老师。我想，现在他一定是在兵库县当地的某所学校，成为一名优秀的老师了吧。

还有一段关于旅行的记忆，我也很想分享给大家。

当时我正在北海道的道东区。

当我经过面朝鄂霍次克海的纲走市附近时，夕阳开始缓缓降落。我这才想起出门旅行有一点很重要——就是每天日落前，一定要找好当晚住宿的地方。

于是，我在路边找到了一个荒僻的旧车站。

这种车站虽然破旧不堪，却是独自旅行者上好的落脚点，因为它可以帮我遮风避雨。虽然环境差强人意，但只要有屋顶，就足够让我安心了。

于是，我停好摩托车，准备简单收拾一下，在这里凑合住一晚。

这时，一个老婆婆从远处走了过来。

"小伙子，你在这里做什么呢？"她问道。

我告诉她，我是来旅行的，想在这里住一晚。没想到，她二话没说就热情地邀请我去她家住。

在这一片区域，就算是八月，夜间最低温也能低至15℃，所以睡觉的时候会非常寒冷。虽然感觉很不好意思，但在外面连续露宿了三天的我，还真是想念暖和的被窝啊。

我大声地说了一声"谢谢！"然后就跟着老婆婆去了她家。老婆婆的家是一座狭小的公寓，她一个人生活在这里。

刚回到家，她就热心地为我准备了热乎乎的洗澡水。因为太久没有这么舒服地泡过澡了，当时我感觉无比幸福。

就在这时，我的思想也发生了微妙的变化，我这才发现，对于一个人来说，虽然拥有梦想和目标非常重要，但有时候也能简简单单地因为"真舒服啊"这样的心情而感受到活着真好。至少那一刻，我就是那么想的，因为旅行，我有幸感受纯粹的愉悦，暂时不用再为梦想和目标头疼。

洗完澡，我看到老婆婆还贴心地为我准备了清淡的晚餐，有米饭、腌菜，还有味噌汤。

"抱歉，只有这些现成的东西可以吃。"

当我看到老婆婆那带着歉意的表情，听着她温暖的声音，我感动得几乎要流下泪来。所以，虽然时隔多年，那顿晚餐的味道，我仍然记忆犹新。

在我有限的人生中，我从来不知道，一碗简简单单的味噌汤，竟能如此美味。

这个美味来自什么呢？大概就是人性的美好吧。

吃完饭，老婆婆拿着一本相册走了出来，她一边翻看相册，一边给我讲了自己的故事。原来，与她相依为命的老伴不久之前刚刚离开了人世，所以她只能一个人孤独地生活着，走完接下来的人生。她还告诉我，她的儿子和孙子们都住在东京。

老婆婆一定非常孤独吧，想到这里，我不禁鼻子一酸。

她抹着眼泪，继续给我讲了许许多多她跟老伴的故事。

原来，所谓夫妇，是这么幸福甜蜜的事情啊。

过了一会儿，老婆婆对我说了一句"谢谢你愿意听我讲这些事情"，然后就去睡觉了，留给我一个孤独苍老的背影。

第二天早上，我起身告别。老婆婆怕我接下来在路上挨饿，还特意给我准备了一些饭团。

这样的事情不只发生在北海道，我在金泽也遇到过，在长崎也是。好像每次当我想要随便找个地方露宿一晚的时候，总会有好心人过来关心我，邀请我去他们家里住。

在这趟旅途中，我遇到了很多好心的陌生人，在很多户人家借宿过，我第一次知道，原来这世上有这么多温暖的好人。

原来，我的祖国日本是一个如此温暖的国度。生活在这个国家的人们都如此美好，他们从不吝啬给予别人帮助，不会局囿于一点点得失。

尤其是那些明治大正年间出生的人，他们经历过日本最贫穷的时代，也吃过残酷战争的苦头，所以他们身上所表现出来的友好与温柔，更是让我感动万分，一刻不敢忘怀。

去国外旅游自然非常有趣，因为可以体验到不一样的语言环境，接触新鲜陌生的文化，结识到各种各样的人们，但日本国内的旅行也有着独特的魅力。所以对我来说，不管是国内还是国外，只要是独自旅行，总能让我流连忘返。

那位第一次跟我说起一个人的旅行的朋友曾经说过："你呀，必须得走出去才行。不要约朋友一起，一定要一个人。而且，一定要在年轻的时候去，否则就没有太大意义了。"

果然，当我真正走出去之后才体会到，这位朋友说得真是太对了。当我们还是十几岁、二十几岁的时候，涉世未深，对各种社会上的事情尚知之甚少，这时候一个人出去旅行是再好不过的了。

正如食物都有最佳食用时机，人生也是如此。

我们的人生虽然漫长，但无论在哪个阶段，都有相应的局限，比如有些事情只能在这个阶段学会,也会有一些事情是暂时无法做成的。

我并不是反对跟团旅行或者多人一起出行,只是觉得如果想要在最充足的时间内最大限度地体验旅行的乐趣,独自旅行是最好的选择。

不同类型的旅行,目的本来就是不同的。

与跟团旅行相比,一个人出游无疑非常没有效率。首先,一个人逛景点会比较辛苦。尤其是像我这样,连攻略书都扔了,在人生地不熟的异国他乡,可能连去哪儿观光都不知道。

然而也正是因为如此,一个人的旅行才会别具一番魅力。

独自旅行时,哪怕是遇到一个可以遮风挡雨的住处,或者一间可以吃东西的食堂,都可能感动不已。为什么呢?大概就是因为每一件事都是自己独立决定的吧。选择旅行的目的地是这样,选择做什么事情亦然。

我们的人生不也是如此吗?

正因为人生本就没有彩排,所以才更有趣。如果有现成的道路摆在面前,虽然走得没那么辛苦,但也无趣许多。至少,对我来说是这样的。

无论旅行还是人生,去哪儿、做什么事,我都希望能自己为自己做主。

也许旅行和人生根本就是一码事。

现在回想起来,多年前一个人旅行的经历,真正培养了我自己的"独立思考的能力"和"超强的行动力"。

在我的记忆当中,想要完成一个人的旅行,不需要什么特别的能力，只要具备一点点勇气即可。

　　人生只有一次，无论如何，我们都没有理由随波逐流，活得和别人完全一样。

　　就算暂时处于迷茫之中，找不到喜欢做的事情，也没关系。当你迷茫的时候，不必焦虑，不必着急，一定要尝试一个人出去旅行。而且不需要多么长时间的旅行，哪怕国内某地一日游也好，实在不行半日游也可以。

　　就算只是一次小小的旅行，我们也有可能从中体悟到人生。

　　重要的是，一定要是一场说走就走的一个人的旅行，一切都顺其自然，随性而为。

　　每个人都需要这样的时间——完全放下手机，不跟任何人联系，这对于每个人的成长来说都是非常重要的。当人开始独自旅行，就会变得孤独，而只有身处这样的孤独中，我们才有机会与自己对话，倾听自己内心真实的声音。

▽　　▽　　▽

　　到了大四，我身边的人陆陆续续都拿到了企业的"内定"名额。那段时间无论走到哪里，大家聊的都是某家公司的薪水如何、福利怎样、加不加班等话题。虽然我内心禁不住想："这些人也太傻了吧！"但完全找不到能说服他们的理由。

　　说来也是，那时候的自己，根本没有什么东西值得自信地说出来。更不用说连自己喜欢的事情都没有找到。所以坦白讲，心里还是有一些着急的，只是碍于自尊不会说出来。

但有一点是肯定的：即使找不到自己想做的事，我也坚定地不想去企业上班。因为一想到要去不喜欢的公司上班，我就很痛苦。我决定，至少在这一点上坚决不能妥协。工作和恋爱，大概都是这样吧。必须得是自己喜欢的才行啊！

然而，除了坚决不想上班，我依然连自己想做什么事情都想不明白。

日子就这么茫然地过着，有一天，在从学校回去的路上，我偶然走进了一家书店，随手翻开了一本书，然后读到了下面这一句改变我一生的话："把今天当作生命中的最后一天和不把今天当作生命中的最后一天，日子是不一样的。因为我们的心态，决定了生命如何燃烧。"

在看到这句话的一瞬间，我仿佛触电了一般，一阵电流迅速跑遍全身，同时心跳明显加速，连呼吸都变得有几分困难。

接着，那句话之后紧随的另外一句，也给我一种醍醐灌顶之感。

"时间是很公平的，得到一样东西，一定会相应地失去一些别的东西。正因为这是我们专属的人生，是每个人独一无二的'财产'，所以我们都应该尽全力去珍惜。"

读罢此言，我感觉手脚都不听使唤了。整个人手足无措，连站在那里都变得困难。回想之前的人生经历，好像自从记事以来，每天都以为"也许明天就会死掉吧！"

不料却安然无恙地活到了20岁，然后在20岁这一年，我第一次经历了非常严重的地震灾害，也第一次近距离体会到了什么叫真正的生离死别。

当灾难来临，许许多多的人在毫无准备的情况下，无辜地被剥夺了仅此一次的生命。

对于那些在灾难中去世的人来说，无论多么想活着都不可能了。直到这一刻，我才深刻地体会到，原来每个人的生命不仅是有限的，而且脆弱极了。尤其是在灾难面前，更显得不堪一击。

所以无论做什么，我们都应该全力以赴地珍惜当下的每一天。

地震之后，我终于明白并且开始践行一件事情——时间即生命。

我并不是讨厌上班。而是在认识到了人生无法重来之后，我决定必须好好珍惜这有限的生命。而真正的珍惜，就是要把全部的生命都花在自己能够相信的，发自内心地喜欢的事情上。

那一天在书店的邂逅，也许是我第一次看到有人把我内心所想的东西用文字表达了出来。每个人的生命中，一定都曾发生过一些影响深远的事情，比如遇见的恩师、朋友、恋人或者对手，对于我来说，最重要的一次命中注定的相遇，大约就是这次"与一本书的相遇"。

▽　　▽　　▽

因为这次相遇，我第一次真正懂得，对我来说最重要的事情，就是绝不虚度有限的生命。幸运的是我想清楚了这一点，但我还是没有找到自己真正想要做的事情是什么。所以从现在开始，我必须集中精力去寻找喜欢做的事情。

但人生目标不是想找就能找到的，而且很有可能越是费尽心思,越是得不到结果。眼看大学毕业在即,我每分每秒都能感受到巨大的压力和紧张。

偶然的一次,我转念一想,既然找到自己喜欢的事情那么难,不如先换个思路。目前唯一能确定的就是,通过之前独自旅行的经历,我找到了自己不喜欢的事情是什么。对啊,说不定把这些不喜欢的事情列出来,就能找到什么启发呢。

按照这个思路,我很快列出了以下几点:

1. 不受制于任何人
2. 不随波逐流
3. 不谄媚
4. 不依赖
5. 不虚度时光
6. 不做没有热情的事情
7. 不做没有成就感的事情

不随波逐流、不阿谀奉承、不依赖他人。能做到这几点的人生,无疑是完美的。但自己真的具备这样生活的实力吗?那时候的我,自然是没有的。就算再笨,这点现实还是看得清的。

但那又如何,即使暂时没有能力,我也希望未来能过上这样的生活。

问题是,我究竟该怎么做才能达到这个目标呢?反正去企业上班是不可能的……

那么,如果上班不可以,究竟怎样做才行呢?不工作吗?这话一听就知道绝对行不通。我到底该怎么做呢?谁能告诉我……

"对啦,自己创业开公司不就可以了吗!"

当我意识到这一点的时候,我的内心感受到了从未有过的激动,脑海中瞬间冒出了无数个念头。

事实上,不工作的人生是根本不可能存在的。因为,只有工作才能体现我们人生的价值。所以,我才更想要做自己真正喜欢的工作。

不必勉强自己去企业上班,完全可以自己创业开公司的。

只要我凭借自己的努力,去创造一个自己发自肺腑喜欢的、热爱的、愿意为之全力以赴的公司就可以了。没想到,冥思苦想了这么久,答案竟然这么简单。为何这么简单的事情我之前完全没有意识到呢?

是不是创业根本不是那么简单的事儿,也许这不过是我脑子一热随便做出的决定?

当时的我,既没钱,也没经验,更没有人脉资源。

总之,做不了的理由能找出一大堆,但找出来了也毫无意义。

因为当时的问题,根本不是自己干不干得了。只需要想,我要做,我十分想做,我必须这么做。

那应该算是我有生以来第一次体会到了热血沸腾的感觉,找了这么久,皇天不负有心人,我终于找到了自己想要尝试和挑战的事情。

我还发现,无论在哪个领域都需要用自己的产品和品牌说话,而最终能因此一决胜负的只有——制造业!没错,这就是我想做的。

之所以会产生这个想法，或许也得益于我之前独自旅行的经验。

在我独自旅行的那段时间，日本虽然存在一定的泡沫经济，但依然是世界上数一数二的经济大国。汽车、摩托车、相机、电脑、电视等众多产业欣欣向荣。所以，无论我走在亚洲多么偏僻的地方，都能看到各色产自日本的产品。

而且，无论走到哪，只要说自己是日本人，对方总会称赞一句："你们的国家，真的非常了不起！"

每一次听到这样的话，我都感到十分自豪。虽然夸赞的是日本这个国家，但我好像自己被赞美一样开心。

旅途中发生的这一幕幕，深深植根在了我的心底。人生只有一次，我一定要做自己热爱的工作。哪怕只是一件事，我也一定会为之付出百分之百的努力。我要做的，就是能让自己感觉到有成就感的事情。想到这里，我发现，没有什么比制造业更适合了。

于是，我决定，要创建一个专属于自己的品牌！

本田和索尼这样的超级大品牌，最初也都只是一个小小的作坊呢。如果别人能做到，为什么我就不可以？

如果有人问我哪里来的自信，其实我也说不上来。也许唯一的理由就是，我们都是人。

而且如果要做，就不是做一个只在国内略有影响力的品牌，而是一个能走向世界的国际化品牌。

想到这里，我的内心更加汹涌澎湃了。

然而梦想虽然很宏伟，最开始还是得从小事一步一步做起。

毕竟，当时的我，没有资金，没有经验，也没有人脉。如果想要研发自己的产品，就算只做一两个，也是需要钱的。

这样一来，资金就变成了第一必需品。

而我虽然没钱，但时间是大把大把的。在什么都没有的情况下，我只确定下来一件事——无论以怎样的形式，无论选择什么领域，都必须从制造商做起。

做出这个决定，是在我 22 岁的春天。

▽　　▽　　▽

特别神奇的是，当我下定决心"不上班，自己创业"之后，虽然还没有刻意去思考，应该做的事情竟然自然而然地就变得明晰起来。很快，我就想清楚了，在创业之前，必须要做的事情有以下三件：

首先要想清楚，我要做什么领域的制造商。鉴于自己的现状，我必须找到就算缺乏资金和经验也能做好的领域，这个必须要好好考察一番。

其次，我要学习簿记（bookkeeping，包括填制凭证、登记账目、结算账目、编制报表等）。因为要想经营好一家公司，必须在数字方面很擅长。因为销售额、经费、利润等，每一项都是数字。可以说，数字分析能力是每个企业经营者的必备条件。而且，这件事情我不想交给别人来做，而是希望自己就能做好。

第三，也是最后一件事：环游美国。我很清楚，一旦开始创业，无论是时间还是资金都会变得特别紧张。像现在这样自由自在无牵无挂的旅行，也一定会难以实现。既然这样，不如在开始之前尽情旅行好了。之前，我骑摩托车环游了日本，亲自到每一个地方丈量了自己的国度；现在，我希望也能用自己的双足走遍美国大陆。

一切都安排好了，接下来，赚钱就成了当务之急。

我决定，一年之内赚够300万日元，其中200万日元用来环游美国，剩余的100万日元作为旅行结束后回国创业的起步资金。

目标刚确定，我就马不停蹄地行动了起来。

于是，疯狂的打工生活开始了！

在学校，我每天都跟着上大学以来一直对我关照有加的大工干活儿，其实说白了就是跟着他当跑腿的。除了这个主要的活计之外，有空的时候我也去柏青哥[1]店打工。

到了深夜，我还要在当地的大型西点铺里上夜班。总之只要是时薪高的，我不惜牺牲休息时间也要尽量多做。

夜班的工作其实很枯燥，就是不断地做华夫饼。这个工作特别无聊，根本不需要动脑子，但由于身边都是一些年龄相仿的同龄人，所以干得还算开心。尤其是在这里还能遇到同龄的男生。

其中有一个男生，名叫冈村庄治。我第一次见到他的时候就感觉十分投缘。后来一聊天，才知道他也很喜欢独自旅行。

他曾经只身去过泰国、柬埔寨、印度等许多国家。他的梦想是将来能成为一名环游世界的宝石商。

我不禁感叹，真是个直接的、热切的梦想啊。

---

1 一种在日本十分流行的赌博机。

冈村的性格很随和。我至今仍然记得,那时候我们总是凑在一起,无话不说,聊的话题常常围绕着下一站去哪个国家,将来想做什么事情等等。

▽　　▽　　▽

整整一年的时间里,我马不停蹄地拼命工作着。虽然每天的工作强度都很大,但体力上完全没有感到压力,只是精神上压力不小。虽然说是为了赚钱创业,但要从早到晚重复枯燥无聊的工作,我总是觉得自己很惨。

尤其是白天在柏青哥店里的工作还会经常遇到棘手的客人。大家都知道,柏青哥本质上就是赌博。每一位来玩的客人,都赌上了自己的血汗钱。这可能是当地的一种风俗吧。

既然是赌博,就有输有赢,当一个人输得多的时候,常常就会变得脾气暴躁。所以我在店里经常看到有人踢翻桌子什么的。其中不乏破口大骂的、肆意胡闹的,甚至曾多次闹到警察那里去。

当然一起打工的同事当中,也有非常讨厌的人。休息的时候,聊天的话题从来不离开酒、女人和赌博。

虽然大多数时候我都尽力远离他们,但每次被他们叫到,还是没办法视而不见。只好无奈地强颜欢笑,压抑着自己的真实感情,假装附和几句。

按理说这事情很简单,不喜欢辞职就行了。但这时候的我,因为太需要赚钱,所以绝对不能辞职。

留给我的时间不多了,如果出发去了美国旅行,就没办法打工赚钱。所以我拼命想要多赚一些，一天都舍不得浪费。

有时候，打工之后回家的路上，我也会难过得想哭。后来当然也想通了——今天虽然是今天，但今天我们生活的环境和状态并不是今天创造的，而是取决于一年前、两年前我们是怎样生活的。所以，每一个今天，都是由无数个昨天构成的。

而对我来说，因为之前的每一天都是用心度过的，所以全无遗憾和后悔。只是我也不能完全确定，这样的生活方式是否能看清前方的路。

毕竟，到目前为止，我一直所做的，可以说就是漫无目的地四处旅行。

但我明白，一直这样下去肯定是不行的。一方面，当下的生活也必须过好。另一方面，每一天的努力，都一定要能帮我们实现想要的未来才可以。

之前我一直在想，那段每天为了赚钱而机械地不断工作的日子，会不会是毫无意义的。因为我觉得在那些工作中，除了一点点微薄的薪水，我几乎一无所获。

但后来我才发现，当时的想法是完全错误的。面对好心雇佣我的工作单位，我竟然抱着这样的想法，自己想想都觉得可耻。

如果那时候没有去那些地方，没有做过那些工作，也不会有现在的我。无论做什么，都是如此。在我们的人生中，哪怕只是一天，甚至一秒，都不会是毫无价值的。

blayn

[Part Two]
アメリカ

第二章　　美国

2000年3月，我毕业了，终于结束了四年的大学生活。

毕业后，我带着自己打了无数份工存下来的250万日元和父母赞助的100万日元，共计350万日元的资产，履行了自己的诺言——一个人出发去了美国。

关于这次美国行，我的计划如下：

首先，乘坐Amtrak游览美国各大城市。

其次，如果有一些稍微小一点的、没有列车经过的城市，就选择乘坐Greyhound长途巴士。

对了，Amtrak全称"美国国家铁路客运公司"，是一家由美国政府出资开办的长途和城际铁路客运公司，"Amtrak"是一个由英文"美国"（America）和"铁轨"（track）组成的混成词。

而Greyhound则是一家私营的长途汽车公司，运营路线不仅限于美国国内，还能到达加拿大、墨西哥，路线多达3000多条，是美国最大的汽车公司。

接下来就是环美之旅了，我计划先从美国的一端出发。然后在这里找到最喜欢的街道，住下来生活一段时间。当然这一次也和之前的独自旅行方式一样，我不去想目的地，不去想住哪儿，什么都不安排，完全是说走就走。

这一次美国行，我到达的第一站是洛杉矶。回想起来，上一次来美国还是四年前呢。很快，我搭上了Amtrak，前往美国西海岸最高的城市西雅图。

Amtrak从洛杉矶出发后，一直开了好几个小时，窗外是一望无际的大草原，远处还能看到大大小小的马群。

到了傍晚，夕阳如炬，从列车的窗口望出去，草原上的牧草在风中摇曳着，绿浪滚滚，恍然有一种正行驶在海面上的错觉。

"这里真的是美国吗？"

生平第一次，我真正看到了地平线，对，不是水平线。在这样的天地大美面前，我深深地被震撼了，找不到任何语言来形容。

Amtrak 上的时刻表完全形同虚设。

晚点一个小时或者两个小时也是正常的。所以，列车的时刻表不过就是数字的罗列。列车经过旧金山郊外的那一晚，电力系统出现了故障，所有的乘客都被迫在车内等了整整六个小时。

如果在日本发生这种故障，乘客一定会发生骚乱，稍微处理不好都可能引来媒体报道，但在美国不同，大家都对这样的事情习以为常，所以没有一个人闹事。

正当我这么想着的时候，列车里的广播突然响起，我听到播音员说，为了处理故障，需要停车几个小时。让我意外的是，乘客们好像对此都不怎么在意，大家纷纷走下了列车，各自找到自己的办法消磨起了时间。有人坐在路边若无其事地看书，有人直接躺在地上睡觉……

我现在还记得那辆列车上的情景，我暗暗感叹，原来不同国家的国民是如此不同。虽然我不太适应突如其来的故障，但想到其实这也不是什么着急的旅程，所以和以往一样，这一次我也选择了入乡随俗。

总的来说，美国给我最大的感觉就是——什么都很大。

这次列车途中，我们不仅去了旧金山和西雅图，还在温哥华逗留了几天。接着，列车穿越蒙大拿的大草原，经过了芝加哥、纽约、华盛顿等多个城市。

乘坐 Amtrak 旅行，那种体验真是太美好了。

相比之下，Greyhound 长途汽车就要差很多，不仅卫生很差，治安也非常不好。汽车最后部的宽敞座位，几乎都被几个足足有100公斤以上的巨型黑人霸占着。

这些黑人带着破旧的立体音响，旁若无人地唱歌跳舞，俨然一副开 party 的模样。我甚至从他们身上感觉到了一种莫名的杀气，害怕一闭上眼睛就被他们杀掉了……

以前，我一直觉得现在的日本贫富差距过大，但出来旅行才发现，美国的贫富差距跟日本相比简直是有过之而无不及。

只要生活在这个世界上，就会有"富人"和"穷人"，而且其间的差距想象不到的大。

即使生活在同一个国家，也存在各种差异，比如人种的区别、文化的不同、语言的差异和宗教的不同。问题的复杂性，完全不是"多样性"这样的词语能概括的。直到真的踏上了这个国家，通过越来越多的了解，才发现我以前在日本的时候想象的美国和真实的美国完全不是一码事儿。大概这就是所谓的"百闻不如一见"吧。

▽　　▽　　▽

三个月后，我几乎把美国所有大大小小的城市都走了一遍。在这些城市中，让我想要住下来生活的，是纽约和洛杉矶。

可惜纽约物价很高。吃饭的价格虽然和洛杉矶差不多，但住宿费则几乎是洛杉矶的两倍。

但如果真要选择居住生活的城市,我还是会选择纽约。因为在纽约生活的两个星期,每一天都充满了刺激和惊喜。

不过本来就是穷游的我,身上的钱越来越紧张了,鉴于两座城市消费水平有两倍的差距。而且这些钱如果在美国其他城市可以生活好几倍的时间。无奈之下,我决定回到刚到美国的第一站——洛杉矶。

在这里,我把生活的据点选在了洛杉矶市中心的中心街。这里有一条街道是日本人聚居区,有"小东京"之称。四年前,我第一次来美国的时候就在这里生活过一段时间,对这里的环境也相对较为熟悉。

我选择了专为来自世界各地的背包客开放的"青年旅舍",因为它的价格很便宜,一晚上只需要 10 美元。就算住上一个月,一共也只需要 3 万日元。节省下来这部分住宿费用,我的钱就没那么紧张了。

当然,价格这么低,就别再指望舒适的居住环境了。我住的地方,是一个大约五十平米的房间,在房间里拥挤地摆放着很多上下床。而且是男女混住的。来这里住的都是年轻人,总共有 70 人左右。

这些人之中,来自法国、德国、英国等欧洲国家的大约占一半。来自阿联酋、沙特阿拉伯等阿拉伯国家的,约占两成,剩下的就是来自很多其他国家的人了。

当时的美国,有非常多这样的居住设施。虽然大部分都是为背包客提供短租服务的,但也有两成左右的年轻人,是因为喜欢美国，所以长期滞留在这些地方。

熟悉了一段时间之后，我发现这个青年旅社看似混乱，但也有秩序和一些不成文的规定。在这里，不管你多么聪明，赚多少钱，都不管用。只有力量强大的人，才能成为领头的。

谁嗓门大，谁就是老大，完全像是一个原始而简单的动物世界。

▽　▽　▽

当然不得不说，这里人的吵架水准是非常低的。吵架最主要的原因就是食物。这里有一个厨房，放着一个公用的大冰箱，使用方法非常简单——每个人往里面放食物的时候，都要贴上自己的名字。

但这其中有一些人完全不按规矩办事。这些人身高在190厘米以上，体重目测也有120公斤左右，是在日本几乎看不到的身形巨大的白种人。

这一群白种人，一有机会就抱怨别人偷吃了他们的食物。

其实根本没有人偷吃他们的食物，所有根本没什么可怕的。但有些胆小的人会被这些看似身强力壮的白种人威胁敲诈。我慢慢地理解了，这就是这群穷人所选择的谋生方式。记忆中我也被这群人缠上过几次，虽然我强烈表示"我没有偷你们的东西"，但他们完全是一副充耳不闻的样子。

这群人对我这样的外来者是非常歧视的。所以我不由得怒从中来，但这个青年旅舍有一个规定——禁止吵架。只要出现了一次打架的记录，就会被无情地赶出去。在这之前，我也看到好几次有人因为这个原因被赶了出去。

"你这家伙，连吵架都不会吗？"对方骂道，然后恶狠狠地撂下一句"真是个 chicken！"对了，"chicken"在这里是胆小鬼的意思。

我清楚地记得，那是他们那一天中第四次招惹我。

当时，我正和一个阿拉伯籍的法国人在走廊吃晚饭，突然听到有人大喊："黑人和小日本鬼子滚出去！"接着，就有人往我们头上泼水。

此时，我一直以来压抑住的理性彻底崩溃了。大脑还来不及思考，身体已经忍不住行动了。我奋起转身，运用高中时期在学校橄榄球队学到的擒抱术将对方摔倒在地，然后顺势骑在他身上，朝着他的面部一顿狂揍。过了一会儿，我感觉到他的鼻子被我打骨折了，向右侧歪得很厉害，喷出了很多血。但我被愤怒冲昏了头脑，完全停不下来。

"我错了，饶了我吧！"

虽然他这么卑微地祈求了，我还是无法抗拒愤怒的驱使。

因为这时候如果不是我打别人，就是我被别人打。连日以来我累积的郁闷心情也在这一顿暴揍中得到了释放。

吵架这件事，无论什么情况，都是谁先出手谁就比较容易占上风。因为先被揍的人精神上受的伤害往往是最大的。我的心里只有一个念头——一定要用自己的拳头告诉这些白种人，欺负日本人会有什么下场。

等我反应过来的时候，才发现周围已经围了一圈看热闹的人，他们有人幸灾乐祸地吹着口哨，有人旁若无人地破口大骂，还有人表情各异地鼓掌起哄……总之，每个人都一副看热闹不嫌事儿大的嘴脸。

过了一会儿，一个平时跟我关系很好的德国人慌慌张张地赶过来劝我。

正被愤怒冲昏头脑的我哪儿听得进去劝告，于是不知好歹地对他大吼了一声："别管我！"这位哥们儿见我这样，只好狠狠地敲了下我的脑袋。等我停下来，才凑到我耳边说："别打了，快住手！警察来了，赶紧跑吧！如果在这里被逮捕的话，是会被强制遣返回国的。"

"强制遣返——"

听到这个词我终于清醒了过来，如果那样真的太可怕了，而且不是一般的可怕。

我终于停下手来，问他："警察大概多久到？"

"最迟十分钟之内。"他回答道。

听到这话，我赶紧起身回房间收拾行李，说是行李，其实我所有的东西加起来只用帆布包就能装下，所以不到三十秒我就收拾完了。

我拎起帆布包，用目光跟这里的管理员打了声招呼。我内心清楚，他想要的就是没人打架。所以看到我要走，管理人员看似平静地摇了摇头，然后用眼神看了看出口，但我几乎可以听到他内心在咆哮："赶紧滚！"

出了青年旅社，我快速跳上了一辆正停在路边的公交车。当时心里只有一个念头，就是以最快的速度逃离这个是非之地，绝对不能在美国因为打架被警察逮捕。所以，只要能逃离警察的追捕，要我到哪儿都行。

事实上，这不是我第一次在美国打架，在芝加哥也发生过类似的事情。我在心里暗暗反省，真的不能再这样了，如果再发生这种事，我早晚会被抓起来的。逃离的途中，我正好和一辆警车擦身而过，听到警笛声响起，我本能地躲了起来。

我记得那趟汽车大约行驶了半个小时，最后抵达了一个名为圣莫尼卡的海滨城市。这里是一片美丽的海滨，据说很多好莱坞影片曾在此取景。

在这之前，我都只是听说过这个名字。没想到第一天见到它，竟是因为逃离。

沿着海岸矗立着很多小小的店铺，这些店铺晚上也不关门，街道上四处都是游玩观光的年轻人。我对这座小城一见钟情，当即决定在这里停留一段时间。

汽车到站，我很快下了车，沿着海岸悠闲地散步。漫步在陌生的海岸边，我一边听海浪拍打着岸边传来的悦耳声音，一边感受着舒爽的海风掠过，留下一阵阵心旷神怡。

大约沿着海岸晃荡了两个小时之后，我照例找到了一家青年旅舍准备住下来。这间青年旅舍在离圣莫尼卡两公里左右的邻镇，距离威尼斯海滩不远。

这里的环境也和之前住过的青年旅舍一样，虽然房间看上去很大，但里面紧凑地摆放着许多架上下床，价格比上一家更便宜，住一晚只要7美元，可能因为位置比较偏远，不在繁华的闹市区吧。

终于找到新的青年旅舍安顿了下来，我高兴得忘乎所以，总算把几个小时之前因为打架被赶出住处的糟心事抛到了九霄云外。

▽　　▽　　▽

跟之前的环境相比，新的青年旅舍住着感觉舒适多了。从住处走到海边只需要短短十分钟。生活也很方便，附近就有大型超市，还有在日本常见的7-11便利店，连能免费上网的图书馆也能徒步抵达。

这也是我在旅途中住过的环境最好的青年旅舍之一，希望这一次再也不要被赶出去了。我暗暗告诫自己，接下来一定要老实点，毕竟人在异乡，但愿再也不要卷入什么麻烦事，更不要跟人打架了。

这个青年旅舍住着三个日本人。其中有一个是21岁的格斗家，来自崎玉，是为了加入一个叫作"UFC"（Ultimate Fighting Championship，终极格斗冠军赛）的格斗组织来美国游历锻炼武艺的。

虽然现在的"UFC"在美国已经成为一个人尽皆知的组织，但在当时，格斗技术是一项极其危险的竞技，除了不能咬和不能使用金靶，没有任何限制。而这个人想要到这里去比赛，其决心想必是非同一般的。

按照我以往的经验，如果两个日本人夜间在走廊聊天，一定会有不少人过来找麻烦。但是现在，根本没有人来干涉。

我觉得很不可思议，于是向他询问了原因。他告诉我，以前有一次，有黑人来找过他的麻烦，结果被狠狠地收拾了一顿，从那以后，周围人都知道了他是个格斗高手，所以再也没有人敢来招惹他了。

"我也一样！"

说完，两人不约而同地哈哈大笑起来。

在打架这件事情上，向来都是谁做好了一战到底的心理准备，谁就能赢得最终胜利。如果最初想的就是打不过就跑，那就永远也没有翻身的机会。

在这项运动中，就算赌上性命也要奋力一搏。哪怕被打倒，甚至被打死，也比中途当逃兵好。如果在比赛中遇上这种抱着必死之心的对手，是最可怕的。

尤其是在美国，谁要是敢歧视我，我一定会好好给他点颜色瞧瞧。无论对方看起来是怎样的庞然大物，我都会拼命反抗。人在异国，人生地不熟，能依靠的只有自己。无论来挑衅的是谁，我都要尽全力打倒他。嘻嘻哈哈地傻笑，懦弱地想要中途逃跑，这样的人才是真正的悲剧。

在美国期间，确实会经常听到异样的声音，有人会用侮辱性的语言骂我们，比如"连吵架都不会的胆小鬼！""滚蛋吧，小日本！"

每次遇到这样的人，我都会遭到歧视。有时候除了谩骂，他们还会粗鲁地朝我们吐口水。如果对方做得实在太过分了，即将要打起来的时候，我也会息事宁人，尽量避免跟他们正面冲突，但对方根本不领情，无奈之下也只好选择用武力来解决。

这种时候，只有有实力的人才能赢得尊重，胆小懦弱的人则会处于劣势。

我暗自思忖，也许这正是美国这个国家的文化，或者是某种根深蒂固的价值观。当然，这种事情攻略书是永远不会告诉你的。只有身在其中，才能切实体会到真实的美国是什么样，而以上这些，就是我所亲身体验到的美国。

我在这家青年旅社遇到的第二个日本男生当时23岁，为了实现成为一名音乐家的梦想，他独自来到美国学习吉他。

和上一位日本同胞一样，我和这个男生相处起来也感觉十分舒服。

在这个举目无亲的异国，他们都没有任何依靠，只能赤手空拳地去拼搏、奋斗，朝着自己的梦想踏踏实实地往前走。如果换作在日本，就算想遇到这样执着的追梦人，也不一定有机会遇到。

住在这家青年旅社的第三个日本人年龄要偏大一些，是一位43岁的中年男子。从外貌上，怎么看都像是美国人。一次偶然的机会，我们坐得很近，当我用英语和他打招呼的时候，他竟然用一口流利的日语跟我聊了起来。在后来的交谈中我才了解到，原来他是一个日美混血儿，名叫雷蒙德，在一家影像制作公司从事广告和电视剧导演的工作。

虽然我平时几乎不怎么看电视，但对他从事的工作也有一些了解。他平时的工作内容应该非常广泛，涉及领域很广，比如给某位知名女歌手拍MV，以及为大型饮料公司拍摄广告，当然也包括电视剧的拍摄。

他的梦想是在美国拍一部真正属于自己的电影。

他告诉我，以前自己在日本的工作一直很顺利，他每一天都废寝忘食地工作着。一有时间，他就抽出空来写电影策划书，给好莱坞的大电影公司提案。但是对于好莱坞来说，在日本积累的经验和成绩一点价值都没有，向来以努力著称的他却一直被好莱坞的电影人瞧不起。四处碰壁之后他才明白，如果一直待在日本，无论做多少努力都不可能有什么实质性的进展。

时间一天天过去，对梦想的渴望却从来不曾熄灭。于是，在迎来40岁生日之前，他选择了放弃日本的一切，孤注一掷地来到美国，为梦想奋力一搏。

我遇到的这三位同胞，都是为了梦想充满决心和热情的男子。现在回想起来，这次美国之行最大的收获，就是与这他们共度的时光。

▽　　▽　　▽

很快，在威尼斯的青年旅舍居住的一个月时光就临近尾声了。

事实上，一个月下来，我已经习惯了当地的生活节奏和生活方式。首先，这里的气候非常好，特别适合人类居住。而之前待过的洛杉矶因为是沙漠性气候，所以头顶每天都是一望无垠的蓝天，连一丝云都看不到。而且一年到头温度都偏高，几乎没什么降雨，空气极其干燥。

其实，气候对人的精神状态影响是很大的。如果早晨起床看到窗外正在下雨，或者天气阴沉沉的，人的心情就很有可能变得忧郁不安。但是在洛杉矶根本不会出现这种情况，因为每天都是碧空如洗的天气，所以心情也会随之变得很愉快。

生活在气候这么好的城市，如果心情变得很糟糕，就显得特别愚蠢。但如果随时都很愉快，也有一点不好，那就是愉快的心情很难平复，无法静下来思考。而我当时就已经陷入了那样的状态。

"不能再这样下去了！"我心想。

于是，我跟同住的一个来自文莱的男生取经，问他每天都做些什么事情。因为我观察了一段时间，他每一天看上去都很忙。

当他说，他每天都会为了学习英语专门去附近的教堂时，我几乎不敢相信自己的耳朵，特别好奇在教堂学习英语究竟是一种什么样的体验。于是我继续问他。

原来，那所学校被称为"免费学校"。准确来说，虽然需要花一美元购买教科书，但入学和上课都是不收费的。只要想学英语，任何人都可以随时报名加入。

他补充说道，其中A教堂的开放时间是早上9点到中午，B教堂是19点开放到21点，而C教堂只在周六周日开放。

为了让更多的人能得到公平的学习机会，每个教堂都开设了很多课程。

第二天早上，我就跟着他去上课了。

学校离住的地方不远，就开在青年旅舍前面的教堂里。

填完一份报名资料，再通过简单的笔试和面试，我很快被分配在班级上课了。

测试水平一共分为五个档位。我的成绩位于倒数第三个档位。

在这里上课的学生，绝大多数来自墨西哥、巴西、阿根廷等南美国家,一眼望去,我发现教室里一个日本人都没有。

进入教室后,老师让我先做个自我介绍。当时我觉得自己仿佛是一个刚转学来的转校生似的,紧张极了。果然,我刚说完自己的名字,就被教室里的其他学生嘲笑了。

虽然我内心不服气地想:"我的英语真有这么差吗?"

但很快,我发现好像不是这个原因。我这才注意到教室里的学生们都用西班牙语热闹地聊着天,但我还是想不明白自己的名字有什么好笑的。这时候,有一个人大声地问道:"喂,新来的,你是墨西哥人吗?"

"不,我是地道的日本人。"

"这样啊!那为什么你的名字听起来像个墨西哥人?"

哦,原来是这么回事啊……

其实他们说的也没错,虽然我是日本人,但我的名字其实跟墨西哥人是有渊源的。

早在江户时代,有一次我奶奶的爷爷乘船出行,在途中遇到了风浪,船遭到了严重打击,船身受损严重,同行的两个人都不幸遇难了。

风浪过后,他独自在茫茫无际的海面上漂流了一百多天。可以想象,当时的情形危险万分,虽然人们常说九死一生,但那一次简直可以说是"百死一生"。

就在他极度绝望的时候,一艘美国的捕鲸船奇迹般地出现了,他幸运地获救了。

这艘捕鲸船上的很多船员都是墨西哥人,在船上朝夕相处的日子里,他渐渐能听懂墨西哥语了。彼此熟悉之后,这些墨西哥朋友亲切地称呼他为"提莫"。而这个昵称也一代一代传承了下来，直到成为我现在名字的一部分。所以，冥冥之中，我好像和墨西哥人有着某种奇妙的缘分。

回到刚才的话题，进入这个学校之后，我很快就和很多南美的同学熟络起来。他们大多是二十岁左右的年轻人，性格开朗，待人热情。更加不可思议的是，我虽然来自遥远的东方，却很快就融入了他们之中，甚至和他们一起载歌载舞，仿佛我的身体里天生就流淌着南美人热情奔放的血液。

这些南美人大多是移民来美国的，他们从事的工作多种多样，有在餐厅洗盘子的，有在加油站打工的，也有做家庭教师的，其中最特别的是一群以贩毒为生的人。当然，我知道他们做的事情是违法的。但是有一点可以肯定，他们也和大家一样，为了生存没日没夜地努力着。对了，他们当中有一半以上都是偷渡入境的。

在当时的墨西哥人之中，流传着这样的说法：就算是非法入境者，只要坚持十年之内不被警察抓住，就可以自然取得合法性永久居住权。可想而知，那个年代的情形和现在的美国是完全不同的。

▽　　▽　　▽

开始学习英语之后，我的日子也变得忙碌而充实，平常都是上午和晚上两节课，闲暇时间几乎全部都在上课。这段时间，我每天都浸泡在英语环境中，感觉非常充实。因为一直以来的旅行都是说走就走，不定目的地，也不定住宿地点。现在好不容易安定下来，久违的安心感让我非常享受。每到周末，我就会一边系统地复习，一边思考回国后的事业规划。

我渐渐地适应了这样的生活。某周末的晚上，我正在青年旅舍的走廊里休息，一个陌生男生忽然走过来问我："那台特别炫酷的电脑，是哪里来的？"说起这台电脑，当时在美国确实是看不到的。来美国旅行之前，我从日本出发时带上的这台笔记本电脑，是当时最新款的"VAIO"，浅紫色机身，当时在美国是无法买到的。

"可以卖给我吗？"这个男孩名叫汤米，是一个24岁的美国人。

我开玩笑地答了一句："卖是可以卖，但有点贵哦！"

没想到他爽快地说道："没事儿，我有钱。"

我很惊讶，一般来住青年旅店的都是背包的穷游族，怎么会有钱还来住这儿呢？

聊完之后才知道，原来他已经和朋友一起开公司创业了，从事互联网方面的业务。我完全没想到在这种地方居然能遇到年轻的创业者，而且还跟我同岁，我激动万分。

"我也是创业的。"

听我这么一说，对方就问了我一连串问题，做什么行业？什么时候开始的？有投资人吗？

我说，不，我还没有决定要做什么。这次来美国旅行，也正是为了寻找这个问题的答案。

接着，他向我热情地介绍道："在美国，所有优秀的年轻人都投身于互联网事业，如果想要创业，强烈建议做互联网方面的。"

他说得没错，自从来到美国，我真正感受到了互联网的巨大潜力。一路上，在各地碰到的背包客们，几乎人人都拥有自己的邮箱。那时候最流行的，就是微软公司的"Hotmail"。

他的这番话深深地打动了我。

在互联网的世界，年轻和经验不足都不是问题，也不需要很多资金。而且只要你有一个好的创意，就能看到希望，就可能取得成功。

"除了这个行业，去其他行业创业是极易失败的。"他笃定地说着。

他继续慷慨激昂地说道，现在，他已经从好几个投资人那里得到了一亿日元的投资。接下来他准备带着这些资金进军硅谷。

"为了梦想，我愿意付出一切！"

他说这句话的时候，眼睛里闪闪发光，而听到这句话的我，内心的激情也瞬间被点燃了。

那一晚，我们一人端着一杯1美元的咖啡，彼此毫无保留地交流着。我还用蹩脚的英语和他聊了很多，以至于时间过去了很久也没有察觉。

那时的美国正遭遇IT行业第一次大危机，市场对整个IT行业失去了信任。但无论是从他和我说的话，还是从我这段时间在美国的见闻，都能感受到互联网的未来是无可限量的。我深深地认识到，互联网行业很可能就是接下来市场上最热门的行业。

我愈加确信在不远的将来，互联网将会改变这个世界。而且，如果我自己要创业，也希望能加入到这个潮流中来。

▽　　▽　　▽

虽说如此，但你要知道，我和汤米对话的时候还只是1999年。当时的日本，不必说Website，就连知道邮件这种新兴事物的人都寥寥无几。而且在我的家乡大阪，完全没有人知道互联网创业为何物。

确实，今天日本最具代表性的大型互联网公司——雅虎也是1996年才创办的。乐天则创办于1997年。1999年，两家公司都刚刚创业不过两三年的光景。可以说，那时候日本的互联网产业才刚刚踏出万里长征的第一步。

虽然，当时互联网发展的可能性引起了日本社会热烈的讨论，但国人们却都是半信半疑。与其说是可能性，还不如说是话题性。

所以说，那时候谁最敢于标新立异，第一个吃螃蟹，谁就是赢家。

然而，人们所猜测的可能性，无疑是必然会实现的。为什么这么说呢？其实很简单，看看当时的美国就知道了。那时候的美国，其实就像是几十年后的日本。在那之后的10年、20年，世界必然会随着互联网的兴起发生翻天覆地的变化，产业结构也会被全面刷新升级。至少，这样的潜力肯定是存在的。

如果社会的发展迎来了一个没钱、没经验的年轻人都有机会成功的阶段，那么，这就意味着新产业诞生的时代已经来临了。比如"二战"后，整个日本恍若一片废墟，但依然诞生了一大批具有国家代表性的企业，而且这些企业大都是白手起家。

年代久远，无法细究。但现在互联网的出现不正和那时候的情形相类似吗?这难道不是数十年一次,甚至是数百年一次才出现的千载难遇的产业结构变化的机会吗?如果不抓住这个机会创业,就很可能终生遗憾。

我到底应该怎么做呢?

既没有钱,又没有经验,知识积累也不够……但我深知,虽然自己的不足之处还有很多,但是绝对不能错过这次机会。如果我不勇于挑战,一定会后悔一生。

但是我究竟该做点什么呢?首先,考虑到资金的问题,我可选择的方向很少。不需要资金就能够开始的创业,我能想到的就只有做电脑软件设计相关的业务。

那个时候已经出现了微软以及其他很多知名企业。以我当时的资金状况和技术水平,无论如何也是难以与它们竞争的。

坦白说,我内心也不知道该怎么做。正在我一筹莫展的时候,早就进军硅谷的汤米联系上了我。他说:"我已经在硅谷这边安顿好了,你愿意来我的新公司看看吗?"

汤米的这次联络,好像为我原本黑暗的世界打开了一扇窗户,是啊,与其一个人愁眉苦脸,闭门造车,还不如去硅谷看看。说不定跟他聊聊,就能找到点思路……于是,我欣然接受了了汤米的邀请。

▽ ▽ ▽

我再次从洛杉矶出发,乘坐长途列车 Amtrak,经过一个小时的车程,终于抵达了目的地。一到硅谷,汤米就热情地来接我了。

下车的地方离汤米的公司比较远，需要一个小时的车程。对了，硅谷其实不是地名，而是泛指旧金山南部海岸一带。

一到汤米的公司，我就被惊呆了，虽然汤米的团队在一个略显拥挤的地方办公，但分开不过短短数月，他竟然已经拥有了20人左右的团队。

这里不仅有美国人，还有中国台湾人、印度人等亚洲人，也有来自欧洲的德国人和法国人，整个公司看上去就像是一间国际化的大教室。而且这些人当中没有一个人的年龄超过40岁，他们都是和我年纪相仿的年轻人。

这莫非就是美国的高风险创业？我跟几个人打了招呼，才发现这里所有员工的学历都极高，几乎人人都毕业于斯坦福大学和UCLA（加利福尼亚大学洛杉矶分校）等知名学府。

众所周知，在日本，学历高的人一般是不会投身于这样高风险行业创业的，但是在这里，在美国，情形就完全不一样了。越是有才能的年轻人，越不会选择去大企业上班或者做公务员等稳定工作。这些精英分子要么自己创业，去寻找未知的可能；要么就是和这些人一样选择一个刚起步的公司，获得公司的原始股份，全身心投入其中。归根结底，这种创业文化就像是美国人血液里流淌的DNA。

"要不你也加入我们，和我们一起？"汤米一边带我参观办公室，一边这样说。

其实，当时的我毫无社会经验，英语也很糟糕，所以汤米能如此真诚地邀请我，我非常开心并打心底里感激。

但是我坦诚地向他表明了我的想法：如果来这里上班，我就只能做他的下属。而我是不想给任何人当下属的,所以我更倾向于和他成为事业上的合作伙伴。

他说:"我理解你的意思,这样也好。"

汤米这个人不仅十分聪明,行动力超强,对工作抱有极大的热情,而且心胸非常开阔。临别的时候,他非常热情地给了我一个建议——回到日本后,如果想要创业,建议我围绕ASP(Application Service Provider,即应用服务提供商)展开,因为ASP是未来的大趋势。

汤米胸有成竹地对我说:"虽然现在一说到软件,大家都知道要去商店里买,但其实软件价格高得惊人,不过这样的阶段很快就会过去了。未来,通过网络购物享用即时、即地、即人的软件服务将会成为主流。而且不仅仅是在美国,日本也一样,很多国家都会迎来这样的时代。"

我现在回想,如果那个时候没有在那个地方遇到那个人,我的人生一定会大不相同,至少不会从事现在这些工作。有时候,人生就是那么不可预知,这一秒钟你还是你,下一秒钟,遇见一个人,你也许就会成为另一个自己。

▽　　▽　　▽

从硅谷回来后,我沸腾的心情久久不能平复。

几个月前,关于创业的事情,我还没有任何思路,连应该做什么都不知道,但现在的情形却截然不同了。

——企业定位是产品制造业。

63

——创业领域是互联网。

——服务模式为 ASP。

到目前为止,我基本锁定了这些目标,接下来要做的就是思考如何开展与这些目标相匹配的业务。

回到青年旅社,我把汤米和我说过的这些话转告给了跟我一起住的雷蒙德,大家都亲切地叫他"小雷"。他听完后,建议我先去学习程序设计。他甚至还热心地去附近图书馆借了很多参考书给我学习。我们一起生活的这段时间,小雷总是无微不至地照顾我,这份情谊让我一直铭记于心。

我内心很感激,但又不好意思一直这样承蒙他的关照,所以想为他做点什么。我旁敲侧击地问他,有没有什么需要我帮忙的,他说如果我有时间,希望我能帮他完成正在筹划的下一部电影的准备工作。

我说:"当然没问题。做什么都行,打杂也 OK,请尽管吩咐。"但其实我对电影行业的事情一无所知。所以小雷耐心地跟我聊起了好莱坞的发展史。

首先,在好莱坞有几家被称为巨头的电影公司:索尼(SONY)、派拉蒙影业(Paramount Pictures)、环球影城(Universal Studio)、福克斯(FOX)、迪斯尼(Disney)。

这些大公司平常都是几部电影同时进行拍摄等工作,如果把它们分开,一个一个地进行就会产生高额预算。

经过评估可能会火的影片,就会在日本乃至世界范围内公映。

跟这些大企业相比,还有一类预算规模更小的——独立制片人。这些人有一个共同的特征——为了拍某部电影而成立,一旦这个项目拍摄结束就立即解散。简单来说就是一部作品一个公司。

投资这些独立制片人的，既有独立投资人也有企业，既有阿拉伯的石油大亨，也有印度的贵族。总之，所有对电影生意感兴趣的公司或者个人都可以投资。从某种意义上来说，这也是成立公司。

公司以"有限公司"这种形式存在，最早可以追溯到17世纪。当时承担着输出输入交易的航海运输行业具有很大的风险。船只在途中既可能遭遇海盗的袭击，也可能遭遇毁灭性的风浪。为了分担这些风险，每次航船出海之前都会募集资金，分担风险。航行结束之后再进行分红和结算。在这样的大背景下，有限公司这种组织形态应运而生。

电影行业也是如此。影片如果卖座就赚得多，如果遇冷则会损失巨大——其实就相当于一种特别的赌博。

当然，财力雄厚的大电影公司是有足够的底气承担这种风险的，不过对于规模较小的独立制片人来说，这样的风险却难以承担。基于此，在电影行业也出现了有限公司——有项目的时候集资成立，项目结束后随即解散。

换句话说就是赚钱了大家一起赚，赔钱时大家共同承担。事后，大家根据投资比例进行分红。

无论是当时还是现在，美国这个国家的人都非常擅长"组织化"。

▽   ▽   ▽

电影行业的商业模式中还有一点给我印象很深,这里也想顺便给大家介绍一下。这就是典型的授权经营业务,简单地说,就是一旦作品完成就没必要再追加预算。除去广告宣传费,在完成作品之前,所有预算全部产生。如果赚足了前期的制作成本,那么余下的时间里所产生的销售额都是收益。

可以说,投资的成败完全取决于作品是否卖座。

在电影行业中,电影首先是要经过发行公司运作才能上映。发行公司是电影院的运营公司。例如戛纳电影节、威尼斯电影节等各大电影行业的盛会,其实就是全球很多运营公司的大秀场。当然,运营公司来这些电影节也是为了寻觅有潜力的影片在自己影院上映。

例如,如果一家运营公司以1000万日元的高价买入了一部影片,在自家影院上映之后,票房达到了2000万日元,那么运营公司的获益就是1000万日元。接下来的成败,就是在影院公映结束后发售的DVD。这是面向大众消费群体的,这时候出租DVD的商店就会迎来大批顾客。

接下来的收益就来自付费频道的运营公司。日本拥有SKYPerfec TV这个最大的收费电视平台,他们的业务就是先从观众那里收取费用,然后再提供相应内容,而且版权方规定所有内容都只能进行单轮播放。

选择这样的先后顺序是有市场原因的,比如,如果影院公映和DVD销售同时进行,去电影院的观众人数就会相应变少。所以,电影在影院公映期间,绝对不能发售该影片的DVD。

这种做法,实际上就是把同一部影片放映的不同渠道的供应时间段稍微错开，以此谋求利益的最大化。

这就是源自于美国好莱坞电影圈的行业经营模式。当小雷告诉我的时候，我被这种新潮的商业模式震惊了。

▽　　▽　　▽

小雷当时正在进行的一个项目，预算是8亿日元。他把这8亿日元分成80份，找到不同的投资人，把项目的方案告诉他们，募集资金。

每一天，他都要面对堆成山的资料。从脚本制作到演员试镜、拍摄时程的安排、收支计划、宣传推广等，每一项都要事无巨细地跟每个投资人讲述清楚。

投资协议书上，写明了合作规则。简单来说，就是："2000年1月31日之前，拟筹齐8亿日元的预算。如果没有完成，项目当即解散。"

在美国做生意，全部是按合约行事。说是8亿日元，到期之日哪怕只差1日元，项目都会终止，绝无例外。

合约上注明的条款必须全部严格履行。否则，合同到期之日，项目一定会不由分说地终止。

离合约签订的截止日期还有四五天时间，小雷的项目已经筹集到6亿日元，还差2亿日元，眼看截止期限就在眼前，所以时间非常紧迫。

刚开始，我一边上学一边帮着小雷，后来就渐渐地很少去学校了，几乎把所有能用的时间和精力都花在了这件事上。每一天，我都废寝忘食地投入到与项目有关的各种事情当中。回过神来的时候，才发现自己的世界里只有项目、项目、项目……完全忘记了自己要创业这件事。

▽　　▽　　▽

在那之前，我所理解的工作是"就算不喜欢，也要百般忍耐，努力坚持"。也许在我的惯性思维模式里，工作就应该如此，为了生存，可以放弃所有。但小雷告诉我的却完全不一样。

他说，不是发自内心喜欢的事情，就不能称之为工作。因为做这样的事情是没有任何意义的。况且，我们的人生仅此一次，为何要把时间浪费在不喜欢的事情上呢？

无论是在他人眼光注视下活着，还是完全听从自己内心声音地活着，归根到底，人生还是自己的人生。两相比较，到头来，还是遵从自己的内心，按照自己的意愿生活是最好的。不顾世俗的眼光，完全尊重自己的内心，这样的人生是再富足的人生也无法比拟的。

而且，在我们的一生中，还有什么比从零开始完成一件事情更有成就感呢？

小雷的这番话，每一句都深深地震撼着我，我甚至心跳都不知不觉地加快了。我几乎有一种错觉，莫非我的心脏由于因此产生的共鸣太强而破碎了？

我从来没想过他能教会我什么，本来以为彼此只是在这段时间互相陪伴的过客。现在看来，即使只是简单的陪伴，我感觉自己也能收获成长。

虽说如此，但我的内心是有些不安的。不，其实根本就是满心不安。万一，截至最后期限的时候，还没有筹集到8亿日元，这个项目就会流产。不过，他瞬间又转换了口吻说："即使这一次的项目失败，也还会有下一次机会。如果一次不行，还有下一次。下一次不行，还有下下次。无论如何，我都不会放弃。因为我坚信，只要坚持，总会云开雾散，柳暗花明。"

接着，他又补充道："而且，现在我们也不需要感慨自己是否能力有限。因为能力这种东西，随着时间和经验的积累必然会越来越强。与此相比，对事情的激情才是最重要的，可以说，激情就是一切。"

他用自己的语言和行动，深深地鼓励着我。

迄今为止，我读过很多很多的书，遇见过很多极富才华和魅力的写作者，却没有一次是现实中的会面，更不曾坐下来喝茶谈天。彼此之间的缘分仅仅是通过书籍的神交，产生共鸣。

因为被小雷浑身散发出的对梦想的执着所感染，我有生以来第一次有了这样的感受——为了实现这个人的梦想，就算付出我的一生也在所不惜。而且，只凭这一点，我就深深地喜欢上了这个人，如果允许，我真希望能一直陪伴在他身边。

随着时间的流逝，我更加清楚地认识到，自己以后也想成为这样的大人，希望自己也成为这样的男人。我深知，能在这么年轻的时候遇到这样令人尊敬的人是我的幸运，因为可能一生也遇不到几个。

既然我如此有幸遇到了这样一个人，就一定要好好珍惜这份上天恩赐的缘。

▽　　▽　　▽

投资约定的期限是 30 天。小雷剩下的时间不多了。

而且最重要的是，此时我的签证还有两个星期就要到期了，所以对我们来说，每分每秒都十分宝贵。正因为这样，我才会没日没夜投入到项目之中，每天都感觉到前所未有的满足。我第一次体会到，原来为了工作，竟然可以过得这样充实。

那时候体验到的感觉，现在想来依然清晰。

我常常想，会不会从那以后，我无论做什么工作，都将一直追求那样的感觉？

这次美国行，成为我人生中非常珍贵的一段经历。

在美国的最后一天，小雷为我举办了一场简单的送别会，我们约定，有机会一定再见。走的时候，我给小雷留了一封信，信中这样写道：

亲爱的小雷，这两个月，真的非常谢谢你。

即将离开，想起这段和你朝夕相处的日子，再回忆遇到你之前自己的生活，我思绪万千，心情非常激动。

虽然只是短短的两个月，但这是我有生以来第一次真正感受到自己在成长，并且也深深地认识到，自己还有很多不足。请再给我多一点点时间！我一定会成长更多的。

每个人的人生都只有一次，属于我们的时间都是有限的。如果把时间投入到自己不喜欢的事情和不相信的事情上，有限的人生就会变得更加短暂了。也许时间本身就是生命吧。

我一定会谨记你的劝诫，好好生活下去。

是你让我明白，组织不是跟随出来的，而是创造出来的。

明天，我就要回日本了。为了我们的约定，我一定要拥有一家属于自己的制造企业，一定要建立一个国际化的品牌。对，不依赖他人，不随波逐流，白手起家做一番真正的事业。

到那时候，我们再一起工作吧！非常感谢！

如今，我已经离开美国整整 15 年了。那时候立下的誓言，至今也一刻不敢忘怀，那是在我内心深处牢牢打下烙印的。直到现在，我依然在努力践行着那时那地的约定。

[Part Two]

[Part Three]

就職

第三章　　就业

回到日本后，我时常想起在美国那段时间的经历，发现自己的人生中真的有很多奇妙有趣的际遇，尤其是遇见小雷和汤米二人，可以说完全改变了我有限生命里余下的人生。从汤米那里，我了解到了互联网在未来的无限可能；而小雷教给我的，则更多是关于如何有意义地度过一生。这些都是我生命中最最珍贵的财富。

回国两个星期后，决定命运的一天来临了。我很担心小雷那边怎么样了，募齐投资了吗？但无奈远在日本的我一点儿忙也帮不上他，不过还是忍不住为他捏了一把汗。

我一直等啊等啊，却始终没有等到小雷的电话。我试着给他拨打了很多次，也一直无法接通。我心里弥漫出一阵不祥的预感，难道真的失败了吗？

联系上小雷，已经是三天之后的事了。电话里小雷的声音非常低落，他说想了能想的一切办法，但最后的3000万日元投资怎么也凑不齐。所以，当时的协议，逾期就立即作废了。

"不要担心，现在还没有到最后决定胜负的时候。"

他说这句话的时候听上去非常痛苦。合同已经作废，翻盘的可能性彻底没有了，成败早已是事实。毕竟在美国做事情，契约就是一切。

在美国做生意，全部是按合约行事。合约上注明的条款必须全部严格履行。

教我这些的，不是别人，不正是小雷自己吗？

虽然有些人会好心地安慰说："募资7.7亿日元不是什么难事，下次再争取机会就可以了。"但是我并不这么想。

在我看来，这次项目的失败，最根本的原因其实是把自己想做的事情，完全寄希望于别人的资金上。

所以其结果与理想有多么美好、热情有多么饱满完全没有关系。而是一旦没有募集到钱，一切就会在转瞬之间灰飞烟灭。也许我接下来要创业，也会发生如小雷一般的事情。

我记得有一句话说得好，"独立不羁"。

意思就是，做事情不会受到他人的任何束缚，不接受任何制约，完全按照自己的想法行事。

难道我不应该按照这句话中所说的方式生活下去吗？

所以我想要寻找的，本质上来说其实是一种不被金钱束缚和左右的人生。我想，无论未来囤积了多少金钱和资产，我都不会改变自己的信念。能按照这种方式生活在世间，是我一生所愿。

当然，很明显，为了实现这个目标，我必须要做的就是努力赚钱。为了自己未来的人生不被金钱左右，我唯一的办法就是先努力赚到足够多的金钱。

真正能拯救自己的，除了自己，别无他人。我们不能把自己真正想做的事情完全寄托在外力上。

像之前一样悔恨的事情，希望一辈子也不要再有第二次了。未来的我，是不会向任何人低头，不会依赖任何人的。

我在内心对自己起誓，无论花多少时间，我必须要靠自己的努力往上攀登。

▽　　▽　　▽

理想很美好，但眼下的现实却是，去美国前辛辛苦苦存下来的 300 万日元存款，只剩下可怜的 10 万日元了。想都不用想，要自力更生创业，靠这点钱是绝对不可能的。

而且，如果真的要创业，之前的那点打工的经验对我来说根本不够，毕竟那都是在柏青哥店、工厂打杂什么的，完全没有为我增加一点点社会经验。

更现实的是，我只知道自己要创业开公司，可关于开公司要准备些什么，从哪里着手，我完全一头雾水。虽然也听过"报价单""订单"这些词，但一次也没有见过实物。

我曾经在一本书中读到一个说法："法人设立后，最初三年，企业破产、歇业的可能性为 35%。这个可能性在五年后会变成 85%，十年后变为 94%。也就是说，十年后，100 家公司里，能够生存下来的，只有 6 家。"

能活过十年的企业，竟然只有 6%……

虽然说梦想有多大，就能走多远，但这却是理论上的事情。而按照我现在的情况，真要创业，别说三年了，恐怕连撑过三个月都是问题。

失败是成功之母，这也是一句老话，而且不容置疑。但谁又愿意失败呢？我也一样，我肯定不希望自己不断创业，不断破产，不希望把生命浪费在这样的事情上。如果要创业，一定要一次性成功，永远不会给自己留退路，然后指望下一次。

想到这里，我决定，只有改变战略了——好吧，既然什么经验也没有，不如先找一家公司上班，练练基本功。

我决定用一年的时间全力以赴地工作，尽可能多学习做生意的本领。一年之后，正好是 2001 年 4 月 1 日，开始创业。

很快，我到书店买了一本叫 Bing 的杂志，开始寻找合适的公司。当然行业锁定在互联网。不过，在 2000 年的大阪，与互联网相关的企业少之又少，在这些公司中，我只看到一家有对外招聘的启事。

"公司主页制作，法人营业，大阪市北区。"

很快，我打通了面试电话，和他们简单地咨询了一下面试要求，对方当即问我能否马上过去面试。

但我脑海中很快闪过一个念头，"不好……"，当时我刚从美国回来，外貌打扮完全是美国范儿，发型是金色的齐肩短发。

这副样子去别人公司做营业，怎么也说不过去。但是，我无论如何也不能错过这次机会。

本来，当时在大阪的互联网企业就屈指可数。如果遇到这点问题就错过这次工作机会，就什么都完了。既然眼前有现成的机会，就不应该再左顾右盼，而应该不顾一切地抓住机会。

于是我答应对方："两小时后，我去贵公司面试。"说完，我又看了一遍杂志，确认了公司具体地址。

▽　　▽　　▽

那家公司位于离 JR 大阪站步行 15 分钟的地方，在一个叫扇町的杂居大楼的三层。

大学时期，因为我不想去公司上班，所以一套西装也没有买。唯一拿得出手的衣服是一件黑色的骑行夹克和一件 T 恤。从着装打扮上，完全看不出我是去参加面试的。

不过，既然已经答应了对方，现在想这些也来不及了，不如就顺其自然吧。于是，我走到公司门外，按下了对讲机的开关。我至今都还记得，那一天那个带我去面试室的女孩那张近乎痉挛的脸。

到了面试室后，很快就进来了一个面试官。他身高180cm左右，年龄大约35岁，一看就知道是个在工作中十分擅长调节气氛的男性。他一边跟我打招呼，一边递给我一张名片，只见名片上写着：总监为广慎重二。

我把我匆忙准备出来的简历递给了他。简历上贴的证件照还是十分钟之前刚刚拍的。

首先，我向对方表达了对于给我这次面试机会的感激，然后快速进入了自我介绍环节。我说到大学毕业后，一个人去了美国，说到了与互联网的第一次邂逅，总之，把自己的心路历程一五一十地向他讲了一遍。

为广先生闭着双眼，静静地听我说着，一句话也没说。有那么一瞬，感觉他好像睡着了，但我还是若无其事地继续讲了下去。

过了一会儿，他开口问了我第一个问题：

"那么，你的确想做营业吗？"

"是的！"

"现在这个金发，颜色可以改一下吧？"

"好的，我马上染成黑色。"

"长度呢？"

"我马上去剪短。"

我们之间的对话简短精悍，仿佛就是相声，说完他立刻哈哈大笑了起来。

接着，我们又聊了很多关于互联网的未来的话题。短短二十分钟里，我们聊了线上交易以后将会如何发展，之后产业将会怎样变化等等话题。最后，总监问了我一个问题："将来，你想做什么呢？"

我想回答"创业"，但还是犹豫了一下，不知道直接这样告诉面试官是否合适。但不知为何，我总觉得不能对面前这个人说谎。而且，一头金发的我竟然妄想应聘营业工作，说不定本来就是要被淘汰的。想到这里，我不由得开口说了心里话："我想明年自己创业，能让我在这里上一年的班吗？你安排我做什么都行，我一定会努力做好的。希望你能成全我，非常感谢！"

我俯身请求道。莫名地，我对眼前这位面试官产生了好感，也许是某种意义上的"一见钟情"吧。这个人浑身散发着一种令人感到晕眩的光芒。我很难相信，一位如此优秀的人，竟然只是一个小小的总监。

一位小小的营业总监尚且如此优秀，他的上司，也就是这家公司的老板，不知道得有多出色呢。所以，我很想在这位总监手下工作，我要在这家公司上班。不知不觉之中，我被这样一种巨大且无形的魅力吸引着。明明只有十秒钟，却仿佛过了好几分钟。而且我印象很深，在那期间我一直低着头。

"好的，我明白了！你什么时候能来上班？"

"明天就来报到！"我兴高采烈地答道，内心激动不已，那种兴奋劲儿真是难以用任何语言形容。

这位总监能选中毫无能力、毫无经验,而且一年之后肯定会辞职创业的年少气盛的我,这样的知遇之恩,我没齿难忘。

▽　　▽　　▽

入职之后,一次偶然的对话机会,让我情不自禁地向为广询问了面试时对我的感受。

"请问,您到底是什么时候决定录用我的呢?"

"这个嘛,其实面试刚开始三分钟就决定了。"

"真的是三分钟吗?"

"是的,因为我发现,你的眼神会发光。"

听到这个回答,我一头雾水,不知道该说点什么。他到底是怎么发现这件事的呢?短短的三分钟,究竟能发现什么?这时,为广先生仿佛看透了我的心思,于是接着说道:

"其实,在面试中最能打动我的,并不是应聘者说了什么,也不是工作经验、社会阅历等等。而是坚定的眼神,带着独立思考的眼神。如果没有这样的眼神,无论罗列多么丰富多么华丽的语言,我也丝毫不会为之所动。而且,用这个方法面试,我至少没有被蒙骗过。"

刚进公司第三天,我第一次跟为广先生一起外出做营业。当时那位客户想做一个网页,想用网页经营电子商务(Electronic Commerce)业务,而且预算没有任何限制。总之,客户想的是只要能尽快开始这个项目,付出多大的代价都可以。

回去的车上,为广先生问我:"你觉得这个项目怎么样?"

我说:"我觉得很不错啊。"

可没想到,为广先生却说:"不对。"

他说,这位客户的类型是很危险的,绝对不要靠近。我追问原因,他也只说是直觉。他还笑着说,我很快就会明白的。

这也是我第一次与人同行出门做营业。直到现在,我依然清晰地记得那位客户的气质、举动和对话内容。

现在我终于明白了,选客户也和面试一样,最重要的还是看眼神,因为眼睛是心灵的窗户。如果一个人的内心是丰盈的,他的眼睛里自然会透露出力量。

如果你要问我是怎么明白这件事的,答案当然只有一个——那就是经验。当然,这种直觉并不是百分百准确,有时候也难免出现例外。对此,为广先生是这样教我的:

"算卦这种事,谁也说不准,也许灵,也许不灵。"

意思就是,无论是准还是不准,都不必过于放在心上。

他还教我,最重要的就是相信自己的直觉。如果自己相信是这样的,就选择相信。做营业的人,内心一定要有一套自己的标准。

对了,忘了告诉大家,其实为广先生就是这家公司的社长。因为在公司谁也不称呼他为社长,所以我知道真相已经是进公司很久之后的事了。因为好奇,我找了机会问他,为什么名片上写的不是"董事长",而是"总监"。他是这样回答我的:

"在这个世界上生活久了,就会发现走到哪里都是这个社长那个社长的。所以我觉得这个头衔完全没有任何意义,我想用'为广'这个名字与人一决高下。"

虽然只是简单的几句话,却让我深受震撼。

▽　▽　▽

现在的公司,一共有四个营业员前辈,如果不能比这四个人更优秀,我又有什么资本去创业呢?

"那么,怎么才能从这些人中脱颖而出呢?"这个念头一直在我脑海里盘旋着,但坦白来说,我的实力与他们还是有着巨大差距的。虽然我每天与他们共事,但还是很难赶上他们。

首先,来上班之前我其实完全不会使用敬语。如何填写报价单、制作订单、提案书、企划案等,我也完全摸不着头脑,单单是记下基础的商务知识对我来说就已经是非常大的任务量了。要学会这一切,我的时间极其有限,只有短短一年。

所以,每分每秒都十分宝贵,就连回家都觉得浪费。于是,我试着在公司寻找可以睡觉的地方。我看了一眼里面的休息室,发现有一张巨大的三人沙发,这时,我内心背包客的血液开始沸腾,我想:如果住在这里的话,有了房间,能遮风避雨,而且连沙发都有了,只要带一个睡袋来就完全没问题了。

好!就这么定了,从今天开始,我就在这里住下了。从早到晚,我24小时不停地工作。虽然在工作能力上,我无法比得上前辈们,但至少保证在工作时间上不输给他们。效率、质量这些事情,慢慢努力总会进步的。

本来个人实力摆在这里,既然工作水平上肯定没什么优势,那就只好在数量上取胜了,所以我要争取在工作量上不输给公司的任何人。

上班一个多星期以后,我带着自己的睡袋住进了公司,每天工作结束后,就睡在休息室的沙发上。这样的生活持续没多久,一个营业员前辈就对我说:"你不要再住公司了!"

我很困惑:"为什么呢?"

"我们不是那样的公司。"

"什么意思呢?"

"因为你的出现,公司的平衡和稳定都被打破了。"

我是因为喜欢才这么做的。我必须利用每一分每一秒去成长,可是这位前辈所说的平衡究竟是什么呢?不就是你们自己想早点回家吗?

我心想:"你自己回去不就好了!"

但嘴上却说:"我知道了,我尽量。"

"什么?"

"如果实在回不去的时候,请让我暂时住在这里。我会注意在公司的影响的,拜托你了。"对方听完,只好有点不耐烦地咂了咂嘴。

在当时的我看来,公司内部平衡什么的,爱怎样就怎样,跟我一点关系都没有。但这也是没办法的事,毕竟公司不是个人舞台。自己想做什么就做什么,除非是自己创业之后。而这里毕竟是别人的公司,是公司就应该有自己的规则和秩序,这一点我还是要谨记于心的。

归根结底,我之所以会受到如此低级的批评,完全是因为自己实力不足,不被这些前辈放在眼里。如果我能做出压倒性的成绩来证明自己的实力,那些人一定会闭嘴的。想到这里,我决定要更加努力、更加投入地工作。

▽　　▽　　▽

我工作得更努力了,每天都忘我地投入其中。只要是跟客户相关的事情,基本都能自己拿主意。因为自己手上的决定权很大,每天都工作得非常开心。就这样,来到公司三个月后的一天,为广先生把我叫了出去。

"这段时间工作怎么样?"

"特别开心!"

"那么这三个月,你感觉最大的收获是什么?"

"是变通的能力。"

听我这么说,他笑起来。我不知道他到底笑了多久,只记得他一边捧腹大笑,一边说:"对!对!就是学会了变通。"

我一头雾水,这到底有什么好笑的呢?

过了一会儿,他终于停止了大笑,含着泪对我说道:"想做董事吗?"

"什么,我才刚进公司三个月呢……"

"这不是重点。"

"你觉得公司还会起风波吗?"

"已经有了。"

"……"

那时候,公司的职员只有二十五人。为广先生要从中选出四个人成为新的董事。而我作为其中之一，是破格提拔的。这个消息令我非常激动，如果公司信任我，我当然很乐意做这个董事。但有一点我很担心。

"我之前就计划明年的4月开始自己创业的，这样也不会影响吗？"

"我知道你的计划，这个没问题。"

听他这么说完，我已经完全没有拒绝的理由了。

于是，我回答说："非常感谢您的信任，我一定会全力以赴的！"

但我内心还是充满疑惑的，明明只是一个才来公司三个月的新人，为什么为广先生偏偏选中我呢？于是我又问了为广先生。他是这样回答我的：

"你在这个公司，需要学习的从来就不是基础的商务知识，也不是怎么做营业，而是你最不擅长和最反感的'变通'。如果你明年要自己创业，这一点才是最主要的，而要学习这一点，就必须有自己坚定的立场。"

"每个人的立场，都会形成最终的自己。坚持那个立场吧！"

"听到你口中说出'变通'这个字眼，我就已经决定了。我之所以会捧腹大笑，是因为我觉得这是我想要听到的最好的答案。"

在这之前，我从来不知道自己是一个不懂得变通的人，不过被为广先生这么一说，我才想起来，我刚进公司时，确实是棱角分明的，夸张一点地说，就像一条没有主人的野狗，见人就咬。

他继续说道："我想，这样的一个新人，只有我才能驯服，因为你跟年轻时候的我一模一样。"

听到这句话，我比什么都高兴。因为虽然我刚进入公司三个月，对为广先生却是发自肺腑地佩服的。能跟他年轻的时候很像，是我莫大的荣幸。

我，像年轻时候的他……

既然本人都这么说，那一定是真的了。既然这么有缘，那就彻底多跟他学习吧。他做营业的方法、说话的方式、对待工作的态度，我都要一个不落地学习下来，并加以贯通，融合成自己的东西。

时间无情地消逝着，细细数来，我剩下的时间，仅仅剩下九个月了。

我想，只要能吸收学习的，一定要全力以赴地学习到，我一定要努力成长，成为有为广先生那样气场的人。

▽　　▽　　▽

当时，在大阪有很多公司想要制作自己的公司主页，想要拥有自己的企业邮箱，所以这类业务的市场需求很大。一般只要上企业走访一次，并且提出我们的方案，一笔业务就能谈到八九不离十。市场大热，像是一下子膨胀起来，完全是泡沫式的过剩需求。

进公司两周之后，我就能独当一面做营业工作了。为广先生总是说，想怎么做就怎么做，失败也没关系。于是，备受鼓舞的我，做得更起劲了。

也许，我天生就适合做营业。每出去谈一次业务，都能很顺利地完成工作。遗憾的是，我当时上班的公司本身是一个设计制作公司，虽然公司内部有很多设计师，但一个工程师都没有。

而网页的开发，远远不止设计制作那么简单。

有时候，我们也会接到设计咨询对话框，需要制作电子商务的架构等业务。而现有人员和资源完不成的业务需求，全部都是外包的。

这些业务都外包给了一个叫品川的人，他39岁。

这位叫品川的人曾经在日立（日本的一家全球最大的综合跨国集团）集团下属子公司Maxell就职，后来他离开公司，开始了自由职业的生涯。机缘巧合之下，他承包了我当时所在公司的所有程序开发工作。那是我人生中第一次见到真正能称得上是"工程师"的人。

和品川先生合作期间，他也教会了我很多事情。首先是如何给承包的业务定价，我想对于不熟悉业界行情的人来说，这是最难的地方。

定价的思路如下——

在IT行业，决定一项程序开发的价格的时候，一般以"人月"（通常指一个人一个月完成的工作量）为单位进行计算。如果一个人一天工作八小时，一个月工作20天，这就叫"一个人月"，然后以100万日元或者150万日元的价格卖出去。

例如，一个人工作了三个月，就是"三个人月"，假定一个月是100万日元，那么这个项目的价格就是300万日元。

从这300万日元中，去除人力成本——即给员工的工资等等，剩下的就是公司的收益。

如果能将A开发好的内容再转手卖给B，那么自己就不需要再负担开发费用了，所有产生的利润全部都是收益。

在这个过程之中，唯一必须的成本就是人力成本。

这样一来，价格就没什么意义了。我只需要尽量给每个用户提出类似的提案。或者在研发阶段就更加注重产品的普遍性，尽量做一家公司用完之后，其他公司也能正常使用的产品。

在美国的时候，我从小雷那里学到了很多程序设计方面的知识，这些东西对我很有帮助。每当客户问我："我想做成这样，可能吗？"我都不用和技术人员确认，就能立即满口答应下来。

但这给品川先生增添了很多麻烦。不过，每次到最后，他都竭尽全力做了出来。所以我很放心。

我内心盘算着，以后我自己创业的时候，也要找品川先生来帮我设计系统。那一刻，我仿佛看见了成功的希望。

▽　　▽　　▽

在这家公司上班期间，有一件事情让我很期待。为广先生一般都在19点左右外出吃饭，零点左右偶尔会回公司看看。每一次回来看到我还在，他都会问我：

"喂，吃过饭了吗？"

"没有，我还没吃过。"

"饿了吗？"

"是的，饿得快受不了了。"

几句对话之后，他一般会带我去公司附近的烤鸡肉串店里吃饭。

有时候我明明吃过晚饭了，也会回答没吃过。当然，这并不是因为我贪吃，而是我觉得我必须接受他的邀约。

为广先生如此有魅力和气场，我不想错过任何一次和他共处的机会，哪怕是多一分多一秒也是好的。因为我知道，我要学习的东西太多了，处理工作的方式、运营公司的方法，以及作为一个男人的活法等等，很多很多。

所以，对于我来说，没有比接受为广先生的邀约更重要的事了。为了和为广先生一起，我甚至不管交货的时间有多么紧迫，也会放弃和朋友之间的娱乐约定……总之，只要为广先生邀请我，我一定会二话不说立马答应他。

我只会说一声"感谢关照！"然后第一时间取消所有其他安排。我知道，真正平等的约定是两个人提前约好时间，互相商量好。而我和为广先生本来就不是一个级别的，所以我绝对不会拒绝他的邀请。当然，这件事并不是谁教我的，而是我在内心深处不由自主这么决定的。

另外，每当我们一起吃饭的时候，只要为广先生不提出回家，我绝对不会先说我想回家。

"时间很晚了，马上就快没有末班车了……"这种话，我是无论如何也不会说的。

无论多晚，无论去几家店，我都会一直跟他在一起。就算第二天早上很早就有工作要做，我也不会推辞，不睡觉也要多跟他交流。

我最最感恩的是,这位我发自内心尊敬的人,竟然为我花费这么多宝贵的时间,同我交谈。所以,对那些跟为广先生说"今天我有事,对不起"的同事和前辈们,我是无法理解的。现在想来,也许为广先生之所以会这么照顾我,也是因为这个。

▽　　▽　　▽

深夜的烤鸡肉串店,真是上好的"经营补习班"。

现在,我就跟各位分享一下那些我和为广先生之间,我还记得的对话吧。

有一天,我们聊到了薪水的话题。

"你现在的薪水是多少来着?"

"20万日元。"

"不,你说得不对,是100万日元。"

"是吗,有100万日元吗?"

"是的!"

"抱歉,我领到的工资真的没有这么多……"

听到我说这话,为广先生生气地骂我是笨蛋,于是我更加一头雾水了。

"请问……"

"什么?"

"多出的80万日元去哪里了?我怎么没看见呢?"

"就是上课费啊。"

接着,为广先生说了以下这番话:

"你在这家公司上班，就是在学习自己创业所需的必要能力。所以某种意义上来说，这里就是你的商业学校，在这所学校学到的东西不可能是白给的，所以你每个月都给公司支付了 80 万日元的学费。要是你只能看到你拿到手的这 20 万日元，那就跟那些平庸麻木的员工没什么区别了。"

的确，跟为广先生一起度过的时光是我一生中无价的财产，远远不是这么点金钱可以换来的。不过换个思路，他说得也很有道理。

是啊！其实我每个月是付出了 80 万日元的学费啊。那么，一年的学费就是 1000 万日元。这可不是一笔小数目，既然付出了这么多，我一定要想方设法把成本收回来啊。

跟为广先生交流，他还教给了我很多其他东西。

比如，在我上班的这一年期间，东京有很多和我差不多大的年轻创业者大举筹措巨额资金，陆续建立起一家家新的 IT 公司，对于这些人物，相关媒体报道非常多。

在大众看来，他们代表着时代的大趋势，创下了越来越好的业绩，备受关注。不过为广先生却有着不一样的思考：

"你看着吧，那些家伙看似风光无限，其实很快就会烟消云散了。"

"真的吗？"

"当然，最多不过几年，就会全都化为泡影。"

"……"

"你啊，现在要珍惜和每一个客户打交道的机会，踏踏实实地做好每一笔业务。"

"好！"

"一个人只有脚踏实地一步步从泥泞里走过，才可能真正地攀登到高处，就像徒步旅行一样，只有这才是唯一的捷径。"

为广先生接着说："经营好一家公司，绝不是一朝一夕的易事，太轻易得来的东西往往也会轻易失去。如果某人轻易成功了，那么靠的既不是实力也不是别的，而单单是侥幸的偶然。相反，如果静下心来一步一步踏实积累，就不会那么轻易失去，因为这样的基础是最牢固的。

"在创业中，没有什么事是一劳永逸的。希望未来你可以成为一位这样的创业者——无论遇到什么，都可以让公司支撑下去，不会让公司在竞争中倒下。

"而且，每个创业公司，最重要的就是员工。比如你以后要创办的公司，其实就像是一艘破船，不知道哪一天就会翻船，包括我们现在的公司也一样。所以最应该感激的，就是那些愿意把生命用来为这样的小公司工作的员工们。

"雇佣一个员工其实就是担负他的人生，而这个责任是非常重大的。希望你放在第一位的不是公司利益，而是那些最能让员工变得幸福的事情。这不是做得到或者做不到的事情，而是必须这么做。这就是一个创业者最重要的职责。"

▽　　▽　　▽

时间过得真快，转眼我来到为广先生的公司已经七个月了。

在这期间，我每一天都很用心地工作着，同事们也给了我许多帮助。就连最开始那么反感的团队活动，我现在也做得如鱼得水。

——我要就这样继续上班吗？

——还是应该自己出去创业？

不知道从什么时候开始，我会不自觉地想，真希望这个公司能越做越大啊。我在这里工作这么久，一件不满和抱怨的事情也没有过，每天的工作都开心得不得了。当时，为广先生愿意录用我，我本来就很幸运了。而且，我也确实体会到了，立场会造就一个人。

要说我一点儿也不犹豫，那一定是撒谎。事实上，我很想继续在为广先生手下，跟着他多学一些东西。为广先生带给我的感觉，就和在美国的时候小雷给我的感觉完全一样，没错，我就是"爱"上了这个男人。只要他能让我留在他的身边，我就能感受到自己每天都在成长。

但是有一个念头一直在我脑海里盘旋，挥之不去。记得当时离开美国的前一天，在留给小雷的信中，我曾这样写道：

"是你让我明白，组织不是跟随出来的，而是创造出来的。

明天，我就要回日本了。我一定要创造一家属于自己的制造企业，建立一个国际化的品牌。对，不依赖他人，不随波逐流，白手起家做一番真正的事业。"

君子一言，驷马难追。

对小雷立下的誓言，无论什么时候都不能改变。而且，为了兑现誓言，不应该衡量利害得失，只要下定决心，就一定要付诸实践。

按照计划，我创业的时间是2001年4月1日，也就是四个月后。在小公司，那种提前一个月提出离职的方法是不适用的。因为人员配备可能不足，所以只有在确定不影响自己当时正在负责的业务，做好相关交接工作之后，方可离职。

我决定了。现在就辞职！

当我把这个心碎的决定告诉为广先生的时候，他只是面不改色地说了一句："我知道了，有什么需要帮忙的吗？"

于是，我厚着脸皮提出了自己的请求。

"您能把工作室租给我一年吗？就一年。"

"租是什么意思？"

"能借给我一个工位吗？"

"随便。"

"啊？"

"别说一年不一年的，你随便用吧！"

虽然说是弃车保帅的行为，但我还是厚颜无耻地提出了自己的请求。为广先生对我的这份恩情，我将会铭记一辈子，绝不会忘。等我逐渐强大了，一定会报答他。于是，我向他表达了我的感激之情，他爽快地回答了一句："这点小事，没什么好谢的。"他补充道，"如果有一天你做大了，记得一定要这样对别的后辈。"

听到这话，我惭愧不已，同样都是男人，为什么胸襟的差别如此之大呢？

学生时代，我不愿意去不喜欢的公司，所以不想去上班。但事实是，所谓上班，最重要的不是选择哪家公司，而是"会遇见什么人"。

和为广先生的相识，让我有生以来第一次明白了这件事。细细一想，的确如此。如果作为应届生进入一家企业，当然没有社会人的经验，可能每个应届生都跟一张白纸无异。正如刚出生的婴儿，其实也像是一张白纸，都是在以后成长的过程中，在家人和环境的影响之下渐渐形成属于自己的人格。所以，对于应届生来说，毕业后遇到的第一个上司，第一家公司的工作氛围，对未来职业的影响是最大的。

而且，这和公司是否是名企没有关系。就算只是一家小小的公司，如果能有幸遇到真正值得尊敬的上司，也一定能不断收获成长。反之，无论是多么知名的企业，如果企业和直属上司没有什么魅力，对初入职场的人来说也是十分危险的。环境的作用是非常强大的，等我们反应过来的时候，很有可能会发现，自己也已成为和他们一样的人。无论一粒种子原本能开出多么迷人的花朵，如果把它放到沙漠里，是无论如何也开不出花来的。

所以，从美国回来，我没有直接创业，而是绕了一圈。对此，我本来曾经后悔过，但现在才明白，我不应该后悔。因为正是在绕一圈的过程中，我才遇上那么多精彩的风景。

在我初入职场的时候，能遇到为广先生和品川先生这二位，这是我一生之中再也寻找不到的财富。

就職

[Part Four]

起業

第四章　　创业

[2001年4月1日]

为了实现曾经立下的誓言，我正式开始创业了。

创业之前，我曾经看过一本书，书中有一段关于创业初期的资金需求的内容。

大意是，当一个人刚开始创业的时候，应该准备每个月必要开支10倍的资金。也就是说，如果预估公司每个月的正常开支是30万日元，创业者就需要准备300万日元。这是最低标准。

这怎么可能，我根本拿不出那么多钱来。曾经，为了凑齐去美国旅行的旅费，我早已深刻地体会到了要存下300万日元需要花费多少时间。本来现在就比当时约定的时候晚了一年了，所以我绝对不会再为了赚这300万日元拖延时间。

就这样，我拿着30万日元，忐忑不安地开始了我的创业之旅。摆在我眼前的现实是，既没有客户，也没有业务，更没有创业经验，当然，也没有一个员工——这就叫货真价实的白手起家。但有一样，我有信心，我是绝对不会输给任何人的。

那就是激情，为了创业愿意付出全部生命的激情。

不过，要是让别人知道，一定会质疑"一个人能做点什么啊？"

可这世上的哪一件事最开始的时候不是一个人呢?

在开始之前，我已经想明白，没有别的路可以走，对我来说，只有这一个选择。就算没有钱，我也要证明自己可以做到。这不是向别的任何人证明，只是给自己一个交代。

那时候，注册一个"株式会社"需要1000万日元，注册一家"有限公司"需要300万日元。对了，"有限公司"这种组织形态在现在的日本已经不存在了。

无论选这二者中的哪一个，我都必须要跟银行贷款，发放汇款证明。所以虽然我想以公司的形态开始创业，但手中只有区区30万日元。万般无奈之下，我决定先登记为个体户，就此开始了自己的事业。

接下来的当务之急就是要开发服务。不管是哪种组织形式，只要想成为名副其实的制造商，就必须拥有属于自己的产品。那么，我该做什么方向的业务呢？我邀请品川先生聊了一次，终于碰撞出了具体的想法。

当时的日本，邮件正在快速普及。毫无疑问，按照这个趋势，十年之后，社会中的每个人都会使用邮件。到那时候，肯定很多企业都会把邮件作为一种促销手段频繁使用。

如果一次性要发数十封邮件，那么使用邮箱的 CC（抄送）功能和邮件列表完全足够。但如果想要一次性发数千份，甚至数万份，这个方法就很难实现了，而且发错的风险也很高。问题是，如果一家企业要研发一个能帮助实现一次性发送大量邮件的系统，仅仅前期开发费用估计就得数百万日元。

这样肯定是不行的……

互联网不应该只是大公司才能用的。相反，我觉得越是经营资本（人、物、财）不足的中小型企业才更应该使用互联网。甚至可以说，如果未来的互联网无法做到让街边的小摊贩都能轻易使用，就是毫无意义的。

包月费要好几万日元，价格的确过高。在我看来，包月费至少应该低于一万日元，否则就是不切实际的。

我固执地认为，科学的情况应该是，哪怕是一家实力没那么强大的小公司，也能享有和大公司一样的服务。进一步说，就是无论是谁都能轻松地享受最新的IT服务——这才是IT公司提供服务的真正使命。

最重要的是，早在在美国生活的那段时间，我就深刻地体会到了邮件的魅力，只要有了邮件，无论位于世界的哪个角落，人们都能瞬间取得联系，而且成本几乎为零。所以，可以说我最初认识的互联网的魅力，其实就是"邮件"的魅力。

——企业定位是产品制造。

——创业领域是互联网。

——基于ASP服务。

这是我一直以来确定的目标。现在，我终于确定了最后一步——经营的业务是"邮件发送服务"。

我灵光乍现，想到了一个很好的商机——开发一种能"在一定期限内""提供一定数量"的服务，然后租给有需要的法人企业。

▽　▽　▽

不过首先需要确认的，就是看看市面上是否有类似的服务。经调查，我发现有两家企业做着和我想做的差不多的业务，但也许是因为他们的目标客户是大企业，所以定价都非常高。

了解清了对手之后，就能找到自己的机会。

很快，我设计了几个版本的操作页面，然后带着这份策划书找到品川先生，他告诉我，要做好我要的东西，至少需要四个月时间。

要四个月啊……

我大致估算了一下，按照这个速度，无论怎么赶，要正式开始提供服务至少要等到 8 月以后。

另外，我对品川先生还有一个不情之请。因为当时我手上只有可怜的 30 万日元，而这些钱必须留着以支撑业务能运转下去。所以，虽然非常不好意思，但我除了厚着脸皮请求品川先生帮忙，也想不到别的办法了。

所以，我低下了头，向品川先生请求道：

"品川先生，非常抱歉，我现在没有钱。能否等到事成之后再给您付款。"

其实，等成功之后再付款什么的，根本是没有任何保证的。这个服务真的能卖得出去吗？我自己也没有十足的把握。因为当时我连市场都没有打开。

但是，这是我当时唯一的选择。因为无论如何，我也要成为一个制造商，我希望能做出自己的产品。就算是卑躬屈膝，低声下气地求人，我也会坚持下去。

品川先生听了，短暂考虑之后回答道："好的，那就成功之后再付吧！我相信你能成功，等你存钱之后再给我就行。"

要是当时没有品川先生这番话给我的鼓励，也不会有现在的我和我的公司，所以我一直对他心怀感恩。

▽　　▽　　▽

之后，品川先生开始开发服务了。虽然答应了我的请求，但品川先生也需要维持生计，也有他不得不做的其他项目。所以，他都是利用空余时间帮我开发。

可想而知，开发的过程十分艰难。过程中，有几次遇到必须用技术解决的重大问题，因为一旦邮件数量过大，就会给服务器带来很大的负荷。所以开发的时间拖了又拖。

当时的服务器非常不稳定，和现在的相比差得很远。当然，如果能赚到钱，拼命多用高性能的东西就一定能行，但那样势必会提高价格。我面临的最大的矛盾就是，利用不稳定的服务器，却必须实现高负荷的运载处理。

还有通信速度的问题。专业线路的价格是十分昂贵的。简单来说就是，无论是服务器还是通信速度，都远远无法达到处理大量邮件所需要的性能。

当时，我每天住在家里，需要花钱的，只有上下班的交通费。但由于身上本来就只有区区30万日元，所以一两个月之后剩下的钱就越来越少了。显然，把这些钱花光是早晚的事情。

如果这样下去，在开始提供服务之前，我的资金库就会彻底亏空。想到这里，我焦虑不已，只好勒紧口袋，更加省吃俭用。

对了，我做事还有一个原则，那就是不跟前任公司的客户合作。即使是当时任职期间自己新开发的客户，也不能据为己有。为广先生已经那么关照我，而且还借地方给我办公，我没有理由连找客户也要麻烦人家。

我决定自己重新开发新客户。虽然下了决心，但其实我手上连做DM（直邮，Direct mail）广告的钱都拿不出来。于是，我只好拿出电话本，从里面找出可能会需要网页制作的企业，一个个地拨打他们的营业电话。

以前我总是自以为是地觉得，接订单有什么难的。但做起来才发现，根本没那么容易。

费尽千辛万苦终于约到一个面谈的机会，但只要对方看完我的名片，都会一脸怀疑地问我："是个人经营吗？"

我对自己营业的能力有几分自信，以为就算自己单干，也能轻轻松松找到订单。但当我面临对方这样赤裸裸的质疑时，还是有些不知所措。很长一段时间内，我都没有接到一笔业务。

我百思不得其解，究竟是哪里出了问题呢？后来，我逐渐意识到，以前我之所以能找到订单，是因为我背后有一个公司，别人会信任那个公司的品牌。不，就算是个小公司，没什么品牌力可言，但至少它是一个株式会社，光这一点就比较容易让客户信任。

▽　　▽　　▽

没有订单的日子让我十分焦虑。按照这个形势下去，根本就不可能撑到正式开始运营业务。我手上那点可怜巴巴的钱，肯定没等到开始就花光了。我粗略估算了一下，无论我多么节约地花这些钱，最多也只能再撑两个月。第一次，我因为资金运转的问题感到恐慌。

看来我不能再东挑西选了。不管三七二十一，总之先继续打电话，然后一家一家上门拜访吧。而且只要有订单，无论多小，我都会拜托对方交给我们来做。价格上也没有什么要求，也是客户说多少就是多少。

但就算我妥协了这么多，刚开始的一个月还是一个订单都没有接到。眼看身上的钱只够撑一个月了，我的焦虑越来越难以掩饰，所以难免在交流的过程中把这些不安和悲壮的情绪传达给了客户。

每天晚上，一安静下来我就反复地问自己，为什么就是接不到订单呢？我到底哪里做得不好？更糟糕的是，可能是焦虑过了头，我患上了胃疼的毛病。

我至今也忘不了接到第一个订单时的情形。记得那是5月下半月，也就是我开始创业的第二个月。当时，一位在奈良县贩卖二手车的商人在电话里表示对我们的业务有兴趣。不过他不需要制作网页，而是需要制作一份全国范围内所有本田、丰田、日产车的经销商的名单。

看到对方表现出了兴趣，我拼命恳求道："价格你说了算，拜托一定要让我做。"

"好吧，我真是被你的诚意打败了。什么时候能做好呢？"看来对方真的被我的诚意打动了。于是我们约定好四天内完成。

这个订单非常简单。我只需要在雅虎上按照目录搜索出全国的汽车经销商，然后从他们的主页上找到公司地址和邮箱，再整理在一个excel表格里即可。

连续两天，我从早到晚地重复检索和复制粘贴，心无旁骛地工作着。

到了约定好的时间，我开着从父亲那里借来的车，把做好的名单送到了客户手上。客户当即付给我 6.7 万日元现金，我的第一份订单就此完美收工。

回到公司，等到深夜其他人都回家了之后，我一个人把装在信封里的现金一张张摆在了桌子上。其中有六张一万日元、七张一千日元，总共是十三张。我时而把它们列成一列，时而又排成一行，不厌其烦地盯着它们看了又看。总之，那一晚，我非常激动，也为这来之不易的第一笔收入高兴不已。

这种高兴，不仅仅是因为我拿到了第一笔收入，更是因为被整个过程深深地感动了——无论工作的内容如何，我总算完成了从零开始寻找客户，提出自己的方案，然后达成客户的需求，并最终拿到了自己应得的收入。

那时候激动万分的心情到现在我依然忘不了。每每回想起来，都觉得那可能是我长那么大以来，遇到过的最开心的一件事情。

当然，在那之后我也给很多客户提出过方案，也得到了许多各种各样的订单。但要是有人问起其中某一个项目的具体内容和细节，我其实不太能回答得上来，因为它们留给我的印象远不如第一份订单那样深刻。

大概，在我们的生命中，第一次的感动永远是无法超越的。反过来也可以说，我们的一生，只要一直不忘掉最初的感动，坚持做最开始决定的事情，就一定能一直幸福下去。

▽　　▽　　▽

第一笔订单完成以后，我决定接下来不再挑选订单，只要是跟互联网相关的，什么都可以。而且，无论客户提出什么样的要求，我都要毫不犹豫地回答："我可以做，没问题。"先接下来，然后一点一点摸索。

而且，因为受到为广先生的影响，我把自己名片上的头衔也写成了"总监"。

如果客户想要设计制作，我就是设计师；如果客户想要系统开发，我就变身工程师。虽然，事实上我什么也不会做，但总能在各种职业之间自由转换，简直就像是一只变化无穷的变色龙。品川先生经常会笑话我："没想到你竟然这么善变。"总之，为了公司盈利，我每一天都在马不停蹄地努力。

因为我的目标是完成服务之后一定不能倒下，而是要继续生存下去。说起来虽然简单，但做起来可不是轻松的事情。

在我的订单中，从网页的设计制作、系统开发，到网页广告的制作，甚至促销活动策划、名片设计制作、传单制作等等，应有尽有。总之只要是不亏本的订单，我都会接下来，完全不考虑赚的多少。

因为当时的重中之重，就是先把客户数量提升上去。只要客户的数量增加了，真正开始做自己的业务时，才可能会有更多的机会。人生就是一个这样的过程，我们永远不知道，下一次机会正在哪里等着我们。而机会，永远是留给那些有准备的人的。

刚开始创业的四个月里，我每一天都在四处奔波。因为一旦停下来，一切就都结束了。所以我唯一能做的，就是毫不畏惧地一直往前走。

就这样，我每个月都在濒临破产的情况下，一边不断为资金四处奔走寻找订单,一边和品川先生努力研发新的服务。

每天需要完成的事情堆积如山,除了系统开发之外,还有专门用于宣传的网页制作。而且我还要整理操作指南,开拓新的客户。由于手头很紧,只能使用不熟悉的制作软件,一边学习一边自己花钱制作。

很快到了9月,这时候,我创业已经整整五个月了。

属于我自己的产品终于开发完成了。这是第一个真正属于我的、独立开发的服务型产品。那一刻的心情,我一辈子也忘不了。记得刚刚得知开发完成的那一刻,我激动得热泪盈眶。

虽然是一款微不足道的产品,但我终于实现了自己的梦想——成为了自己一直想要成为的制造者。这一次我终于完全站在了渴望已久的起跑线上。接下来的任务,就是一定要拼尽全力把开发出来的产品卖出去。当时,我给这款产品命名为"Speed Mail"。

▽　▽　▽

[2001年9月9日]

我开放了一个自己的网页,开始对外出售自己的服务产品。对于经商来说,定价是最重要的事情,我想了很久,终于定了下来:前期安装费3万日元,包月8.5万日元,最短合约期限为三个月,先付费,再提供服务。

不知从什么时候开始,我慢慢地拥有了这样的自信——这可是我们在五个月漫长的时间里呕心沥血研发的服务,不可能卖不出去。当然不可否认，这样的自信是毫无依据的。可是现实又一次让我失望不已，眼看时间过去了一个星期、两个星期，却连一个来询问的人都没有，我越来越沮丧。

可我内心知道，如果继续守株待兔下去，不知道得等到何年何月。于是我开始在网上搜寻可能成为潜在客户的公司，一个个地打电话过去介绍自己的产品。这个过程感觉还比较顺利。其中好几个人都说："如果只是聊聊的话，没问题。"我赶紧约好见面时间，一家一家上门拜访。

不过，到了这个环节，就出现了一个巨大的问题——在当时的日本，一般人都不太了解"ASP"为何物，不太明白什么叫利用互联网租赁"在一定的时间""按照一定数量"的软件服务。

而且，为了使用这项服务，还要将本公司顾客的名单放在服务器上，也就是说，如果要使用我们的服务，他们需要将自家企业的客户名单交到外人手里。他们对这件事情是有着情感上的抵触心理的，而且这种抵触心理比我预想的要严重得多。

再加上身为服务提供方的我，又不是正式的法人，而是通过简单的电话咨询就上门推销的不知从哪里冒出来的小个体户。在这种情况下，要让客户一开始就对我产生百分之百的信任，这简直就是痴人说梦。

"你其实就是想要我们的客户名单吧！"

虽然我再三向对方保证，我绝对不会做这种事，但对方不可能相信，一般都会敷衍地说："好了好了，知道了。"根本没有耐心再继续听我说下去。在他们看来我就是恬不知耻的信息贩子，如果跟我合作就是出卖企业的隐秘信息。

甚至有人赤裸裸地嘲讽我说："小伙子，你真是找到了个好生意呢！"

有一次，我正在跟一个年龄偏大的客户讲解服务的使用说明，当我说到"希望贵公司可以把客户名单放在服务器上"，对方就明显地表现出不耐烦和反感。接下来，无论我再说什么，怎么磨破嘴皮解释，对方都没办法再听下去。场面变得这么尴尬，我也没必要再继续说什么了，只好无奈放弃。

回去的时候，站在一旁负责行政的女生面露鄙夷地对我丢了一句："赶紧去去这一屋子的晦气吧。"

当然，不是所有客户都是这样的，但多多少少都会有一些。虽然我之前也想过人们会拒绝把自己公司内部的重要客户名单交到外人手上，但我没想到有这么严重。

在开发服务的五个月期间，哪怕只是简单地让大家了解我们在做什么，给大家普普及知识，现在的情况也不至于如此糟糕。之前毫无根据地乐观估计了市场反响，结果遇到了最糟糕的状况。

与之相比，口里说着"什么都做"，谦卑地去开拓客户的方法会好得多。就这样，产品开发出来之后，很长一段时间内都石沉大海。我越是想努力，越不知道怎样才能把产品卖出去。客观来想，这些客户的反应也可以理解，保护公司的客户信息，这是人之常情啊。换作是我，如果有人找我推销这样的产品，我也不会轻易把重要的客户名单交给一位来历不明的陌生人。

想到这里，我突然明白一点，原来——在做生意之前，最重要的是人与人之间的"信任"，甚至可以说信任就是一切。所以，我开始冥思苦想，怎么才能建立和客户之间的"信任"关系呢？

▽　▽　▽

产品已经开发出来整整两个月了，签协议的客户只有两个，而且这还是熟人帮忙作为贺礼签订的，不算是真正的订单。

我开始怀疑，好不容易研发出来的服务，真的能卖出去吗？我越来越忐忑不安。近乎一无所获的两个月，漫长得让我变得疑神疑鬼。

虽然我打了无数通电话，终于争取来几次面议，并且也按时去拜访了，但一点能卖出去的迹象都没有。

难道真的不行了吗？想到这里，我感到自己的心都快碎了。就在我快要绝望的时候，某天，一个来自福冈的网页制作公司找到我咨询。我赶紧回了电话，对方表示对我们的服务感兴趣，还说最近可能会来大阪，希望能面谈一次。很快，约好见面的日子到了。记得那天，我们在JR大阪站前的希尔顿酒店的大堂里见了面。

"初次见面，您好，我是天毛。"

"您好，我是木村，请多关照！"

简单寒暄了几句之后，我们开门见山，进入正题。这位木村先生公司的业务，是做售卖二手漫画的网站。现在，对方公司想要开始做发送邮件杂志的服务，目标用户是曾在自己公司网站买过漫画的会员。

只是，他们当下还没有足够的钱自己开发系统，所以正在寻觅是否有合适的服务，就这样找到了我们的"ASP"，发现正是他们所需要的。而且他说，不需要我特别详细地介绍自己的服务就可以和我签约。

人生中最令人开心的事情，莫过于"初次的体验"。我想，这句话说的就是这时候的我了。无论是在那之前还是从那以后，再也没有因为签到订单而这么高兴过。

从某种意义上说，利用受托开发得到客户的订单不是什么难事。甚至可以说，只要答应客户，按照他所提出的价格，以及他所希望的完成日期，如约完成，就会得到应得的订单。

但是，要销售已经完成开发的产品就不一样了。

服务内容和产品定价都是我们自己决定的。也就是说，只有客户在对我们开发的服务内容进行讨论后，能够感受到并认可到这款服务型产品的魅力，才能达成最终协议。

这两种形式之间其实是有着天壤之别的。而且后者的难度无疑比前者大很多，因为只能靠自己研发的产品和自己创建的品牌取胜。虽然困难重重，但只有这样，才是我真正想要做的制造业。直到订单真正签订的那一刻，我才感觉到自己是被认可的。

虽然我和木村先生是第一次见面，但我们特别投缘，一见如故，除了订单，我们还聊了很多。他当时31岁，只比我大5岁。聊到后来才知道，他也是半年前才在福冈创办的这家公司。

由于当时是单枪匹马的创业，所以平时没有人可以商量，偶尔也会陷入孤独无助之中。可能因为我们都是刚刚起步的，作为创业者也有很多共同的话题，所以特别能聊得来。聊到正起劲儿的时候，木村先生还真诚地邀请我："天毛先生最近会去东京出差吗？"

如果我说毫不犹豫地答应了，那一定是骗人的，因为我当时实在是太缺钱了。1日元都舍不得浪费。但我的内心告诉我，无论如何也想去东京看看那些大规模的IT公司，感受感受他们的氛围。

另一方面，当时为数不多的几家表示对我们业务有兴趣的公司都位于东京，我也很想找机会去拜访一下他们。所以，我实在太想去了，可以说木村先生的邀约完全是我心想事成的表现。于是我们约好两周后在东京再次会面，接着就分开了。

▽　　▽　　▽

两周后，我坐上新干线向东京出发了。大学毕业以来，这还是我第一次去东京。

车厢里一直放着广播，很快就抵达了东京站。从车窗向外望去，眼前的东京和我之前所熟悉的东京完全不同了。随着列车缓缓减速进站，道路两旁的建筑也慢慢变得多了起来。

稍远的地方就是东京塔了，远远望去就像是一条横贯天空的单轨铁路。

马路上来来往往的车辆的颜色，也比大阪的好看很多。

佳能、富士通、索尼、丰田……很多印有日本代表性大企业标志和公司名的广告牌次第映入眼帘。虽然很多企业在大阪也设立了自己的办公室，但那都是分社。在大阪那样的城市，能看到的就只有这些大企业的分社。

置身于许多高大雄伟的建筑和各大名企的广告牌之中，我就像被雷击中了一般，感到了浑身传来一阵战栗。我实在太激动了，我甚至能清晰地感觉到自己心跳加速，连呼吸都变得有些急促。这种生机勃勃的感觉，实在是久违了！

我当即下定决心："我一定要进军东京！"这座包罗万象的城市实在太吸引我了，简直就是令我一见倾心。从理论上来说，和大阪相比，东京的 IT 市场的认可度要超前很多年。就算在大阪能争取和这些企业的分社合作，但只要不和拥有决策权的总部交流，就什么都决定不了。

这一点，是在我真正去拜访了客户之后才更加深刻地体会到的。虽然他们的确很抗拒将自己公司的客户名单交到外人手上，但比这更重要的，是他们更加在意价格的优势。

这位客户对我说，最重要的是，现在这个领域有很多年轻人都在努力，把订单交给你们不是也很好吗？今后像你们这样的年轻人，一定会是日本经济的顶梁柱。

日本经济……

这么大的问题，我在大阪连一次也没有听过。

在大阪，人们最多也就聊聊北部最近发展如何，北部经济有什么新鲜事等等。如果是更没有见识的人，就只能听他们聊一些无关紧要的话，比如这条商业街最近如何。

怎么会这样？竟然有了这种格局感，我好像在短短的时间里，完全被东京的城市氛围给影响了。

晚上，我和木村先生相约在新宿见了面。因为我们都处于创业起步阶段，手头没什么钱，所以心照不宣地一起找了一家便宜的居酒屋，在那里，我们聊了很多白天在东京的见闻，又一次相谈甚欢。

的确,和大阪相比,东京是一座完全不一样的城市。在这里,每一寸空气似乎都充满了激情。即使只是一条小小的街道,也能感觉到独特的生命力。仅新宿一个地方,其规模就远远超过大阪的北部和南部[1]两个繁华街道的总和。

关于来东京的事情,我的内心已经决定了,接下来就是组织成语言了。在我看来,把决定告诉别人之前,先在自己内心打腹稿是特别有意义的。我不喜欢想起什么就说什么,即使组织成了语言,也不是为了对别人说,而是和自己郑重立下约定。

但说出口之前,我就已经没有任何犹豫了。

"木村先生,我决定了,我要来东京!"我宣告道。

反正无论在哪里,都会遇到资金周转困难的问题,到哪里都会有坎坷崎岖,还不如选择更有机会成长的东京呢。虽然当时一个熟人、一个客户都没有,但这些都不是重点。只要敢想,就一定能做到。至少,之前的二十多年,我都是这样生活过来的。

就这样,我把搬去东京的时间定在了四个月之后,也就是2002年3月,正好是我从为广先生那里租用办公室满一年的日子。我计划着,在那之前先在东京找好新的办公地点。

回到大阪后,就在我搬去东京的前两个月,发生了一次十分幸运的邂逅。这次邂逅,对于我和对方来说,完全可以说是命中注定。事情发生的缘起,是有一天一个学妹对我说:

"我认识一个朋友,是一个天才程序员,我介绍你们认识

---

1 北部在这里指阪市梅田及其附近区域;南部指大阪市难波及其附近。

吧!"

天才一定很厉害吧?到底是怎样的天才呢?我问学妹。她说她也不是很清楚,不过周围的人都称那个人为天才。我又仔细问了问,得知这位众人口中的"天才程序员"竟然只有20岁,比我小整整六岁呢……

我很好奇,年纪轻轻就被称为天才,他到底有着怎样的过人之处?我一定要认识认识。

于是我拜托这位学妹帮忙引见一下。没想到,这位学妹的办事效率特别高。很快就得到学妹的消息,说对方已经答应了,一周后的下午6点,在当地尼崎国道二号线沿线一家家庭餐厅与我见面。

到了见面的那天,我提前十分钟到了约定的地点,没过一会儿师妹也匆匆赶了来。正当我准备感谢她百忙之中抽出时间帮我介绍的时候,她突然站了起来,使劲儿挥着手朝一个人打招呼:"小礼,这里这里!"

我应声望去,餐厅门外走进来一个男孩,身高165cm左右,身型偏瘦。男孩这天穿着一件藏青色的粗呢短大衣,双手揣在口袋里,口中嚼着口香糖走了过来。

真是个意气风发的少年啊……

这是我对他的第一印象。然而,一开口聊天,我对他的印象就完全变了。首先,他那双眼睛特别吸引我,这双眼睛中透着清澈、坚定的目光。笑起来的时候,又俨然一个活泼可爱的大男孩。过了一会儿,师妹说接下来还要打工所以先走了,让我们俩好好聊聊。

于是，我们简单地做了一下自我介绍。少年虽然说话不多，但看得出来人十分真诚，最重要的是他的脑子转得非常快，是个非常聪明的男生。

简单地认识对方之后，他很客气地问道："您具体是从事什么工作呢？"

"啊，你不知道吗？"

"我们之前大概聊了一下，但我完全没明白她的意思。"

听完我们都哈哈大笑起来。没错，那位师妹的性格确实如此。

"你知道'ASP'吗？"

"什么？"他一脸困惑，有几分尴尬地正了正坐姿。

"抱歉抱歉，不知道是肯定的。"

"不好意思……"

"你知道现在人们都习惯在街上的商店里购物吧。未来，如果能通过互联网实现这件事情，就是'ASP'。"

"是吗，还有这种东西吗？"

"在美国有……"

"果然是美国呢！"

"而且，这个概念最厉害的是……"

"能在一定的时间内租赁一定数量。"

"对，就是这样！"

说到这里，我看到他眼睛都发着光。

"果真是这样啊……"

前面也提到过，在当时的日本，没有人理解什么叫"在互联网上，在'一定的时间内'按照'一定数量'租赁软件服务。"

但他不一样，他一下就领悟了服务的本质。根据之前对他的一点了解，以及人们对他的评价，这确实是理所当然的。正如师妹所说的，莫非坐在我眼前的这位比我还要小六岁的男生，真的是个天才？

想到这里，我十分激动，于是我们继续聊了下去。

"你知道现在日本有多少中小企业么？"

"不好意思，这个……"

"一共四百二十多万家！"

"竟然有这么多啊！"

"我想做的，就是面向这四百二十多万家中小型企业，利用 ASP 给他们提供最新的 IT 服务。"

"什么？这太不可思议了！"

对，这本来就是一件不可思议的事。因为我想做的，就是在日本彻底普及这种服务形态。

另外还有一点，也是我如此钟情于 ASP 的原因——那就是这项服务是包月的，不是一次性卖了就完事。这样一来，对于我的公司来说，每个月中"合约数 x 包月费用"的总和，就是稳定收益。

我隐约记得曾经在某本书中读到过这样一句话："一个公司的运营者九成的烦恼都是资金运转的问题。"

不过，等等……这岂不是说，只要解决了资金的烦恼，经营者就没什么大的烦恼了？

虽然现在的我还处于一筹莫展的阶段，既没有现成的客户，也没有足够的资金，连最基本的办公地点都没有。但假如两年后、三年后，还和现在一样在为资金发愁，那还叫什么创业，又有什么成长可言呢？

所以，为了实现"资金稳定运转"，我需要做的，就是投资"当下"。

而且一旦实现资金稳定运转，就没有必要再为了收益做一些自己不怎么喜欢的工作，而可以更加专注于自己相信的，真正感到自豪的事情上。

为了实现这一点，我要做的，就是ASP。

ASP既不需要库存，也不会缺货，盈利率是90%。当然，最重要的一点是——先付款后服务。

而且因为客户的数量很大，只要每个客户出少量资金，我就可以保证自己公司的运转，这样一来，也就不必把希望寄托在某个特定的客户身上。

只有ASP才是最强大的存在啊！如果这个商业模式能成功，我就不需要再讨好任何人，也不需要随波逐流，就能独立自由地做下去了。而这正好也和我一直以来所追求的生活方式——独立不羁，不谋而合了。

不知不觉，我和这位20岁的小礼说了这么多。因为这一天他还要打工，我也还有别的预约，所以聊了短短三十分钟就匆忙别过了，只说好最近再约一次深入地聊一下。回去的路上，我内心激动不已。

记得为广先生曾经这样对我说过："你什么时候能创业成功，很大程度上取决于你什么时候找到和自己完美互补的左膀右臂。"而这个年仅20岁的小礼，不就是我需要的那个人吗？也许，我能不能创业成功，就看我能不能让他和我一起做这件事了。

我一直觉得，人和人之间的相遇特别奇妙。一生之中，我们会遇见很多人，其中有的人可能刚见第一面就喜欢上了，有的人也许无论在一起多久，还是不喜欢。而且，一见如故这种事儿，一辈子也不见得能发生几次。

自打我第一次遇见小礼，我就有预感：和这个人，会成为一辈子的伙伴。

很快，初次见面一周后，我们就再次见面了。这一次，我们约在了离他家不远的JR尼崎车站前面的一家居酒屋，刚坐下来，我们就聊得火热。

"对了，你主要使用哪种计算机语言呢？"

"JAVA和C语言，还有PHP。"

"这样啊……"我惊讶不已，差点破了音。

做程序开发，是有好几种专业语言的。换个通俗易懂的说法，他现在的情况，就相当于同时掌握了英语、法语、西班牙语三种语言。更何况他只有20岁，如此年轻就这么厉害，我更加震惊了。

看到我的反应，他说："这个世界上的很多东西，只要我看过，一般都能自己做出来。"听到他这么回答，我彻底惊讶得说不出话来了。

莫非我真的遇到了一大块钻石原石？

"天毛先生，未来有什么打算呢？"

"我想做制造商。"

"制造商，就是像丰田和索尼那样的吗？"

"是的。"

我一边点着头，一边跟他讲了我在亚洲各国旅行时遇到的很多关于日本制造的产品的事情。

"嗯嗯，虽然我没有出过国。但我能想象到，他们肯定都觉得日本的制造业非常厉害。"

"你想过上班的事吗？"

"想过一些，我觉得只要能做一些跟制造业相关的研究工作就可以了，更具体的还没有想过。"

的确，我想起自己20岁的时候，我连自己想要做什么都完全没有概念。

"您当时没有想过上班的事情吗？"

"当然想过的。光四处旅行什么都不想怎么行。"

"是啊，您说得对。"

"但是，我怎么也做不到……"

"……？"

"一想到公司，就……"

"确实，我也能感觉到，您可能不太适合去公司上班。"

刚说完，小礼就低着头慌张地说着"非常抱歉"。

"换个说法，就是我还没有发现自己想去上班的公司。"

"……"

"我实在不想去一个不喜欢的公司上班。对吧，这样肯定是太浪费生命了。"

"原来您的判断标准是喜欢不喜欢啊。"

"所以，我决定了，要自己创业，我要创办一个自己发自内心喜欢的公司。"

"……是啊，听您这么说我简直太兴奋了。"

在我们有限的人生当中，每一分每一秒都是珍贵的。为了不白活一回，我希望能留下自己活过的足迹，哪怕只是一件事也好。和他聊完，我的内心又一次澎湃不已。

我又想到了之前想邀请他和我一起创业的事情，但理智告诉我："放弃吧，现在时机还不够成熟。"

但是，我实在是等不下去了。于是，我终于说出了那句想说了很久的话："你愿意和我一起做吗？"

他当即惊讶得不知道说什么好，当然，他这种反应是我早就想到了的。毕竟是才认识一个星期，只见过两次面的人，这就邀请自己一起创业，不惊讶才更奇怪吧！

▽　　▽　　▽

那次见面之后，我又找了很多个理由约他见面，随着两人之间渐渐熟悉，我们聊得也越来越多。我对他完全敞开了心扉，我告诉他，虽然我现在既没钱，也没经验，也没做出什么成绩，但我有着比任何人都浓烈的热情，所以内心无比坚信，总有一天，我一定能做出享誉世界的品牌。

唯独有一件事，我十分犹豫要不要告诉他。那就是我即将搬去东京了。

毕竟，我们才认识三个月，现在就告诉他这个会不会太早了？但当时我又觉得不能再拖下去了，反正早晚都要说。

而且，他这一次的决定，毫无疑问会对他的人生产生巨大的影响。正因为这样，为了对他负责，我才必须要把我的打算毫无保留地告诉他。抱着这样的心情，我对他说："明年3月，我打算搬去东京。"

小礼听完，就说了一个"嗯"，就没再说什么了。

有一小段时间，空气中飘浮着一丝丝略显凝重的沉默。

我在一旁等着他的回应，虽然时间只过去了短短几秒，但我感觉仿佛等了很久。

"为什么选择东京呢？"他几乎声嘶力竭地问我。仿佛在说，在大阪不也很好吗？

没错，事实就是如此。虽说是繁华的东京，但对我来说一点成功的保证也没有。只是稍微比大阪好那么一点点，并没有本质性的差别。

"太远了……"我听到他小声说着。

很明显他不怎么喜欢我这个打算，理由也很明确。他坦诚地告诉我，他和女友从中学开始就谈恋爱，到现在已经相恋整整六年了，他特别喜欢她，不舍得和她天各一方。

对方既然这么说了，我已经没有理由再强求。但怎么办呢？我实在是太需要他了，所以很害怕被拒绝。怎么办呢？也许唯一的办法就只有正面突破了。

"那你能大学毕业之后来东京找我吗？"

"这个……"

听我这么一说，我感觉到他明显有一点动心了。

而且再等等也好，毕竟当时我手上没什么钱，连自己都养不活，更没有信心给他支付薪水。但是如果等到他一年后毕业，我这边努力努力，怎么也会让资金情况好转些。虽然现在也说不上有百分之百的自信，但我能做的，也就只有拼命努力，勇往直前了。

同时，我坦诚地告诉了他——就算他毕业之后愿意来东京找我，我也不一定保证能成功，所以没办法跟他立下那样的约定。

其实这时候，为了吸引他来东京和我一起奋斗，我当然可以画下大饼，夸下海口，但我知道我不能那样做，我必须告诉他实情，剩下的决定交给他自己去做。

我直直地看着他的眼睛，把内心的想法毫无保留地说了出来："对了，我们只需要约定一件事情，而且要以生命起誓——那就是，只要你不离，我便不弃。"

不过，我不会要求他立即答复。因为很明显，如果我显得过于心急，一定会遭到拒绝。所以我赶紧接着说："你不用现在就回答我，你可以在大学毕业之前的这一年零五个月的时间里慢慢考虑。你放心，我会一直等你到毕业的。"

▽　　▽　　▽

之后，我又把即将要去东京的消息告诉了为广先生和品川先生。二人听了我的消息，都鼓励我说，既然决定了，就好好干吧。

这时，我手上的钱依然很紧张，所以一分也不能浪费。于是我决定，为了节约搬家费，我不会找搬家公司，而是租一辆车把东西运过去。

临行前，我端坐在双亲面前，有意识地端正了姿势，满怀感激地说："非常感谢你们把我养到这么大。现在，我要去东京打拼出一片属于自己的天下！"

女友也坐在我的旁边，我们一起向父母鞠了一躬。

母亲看上去很不放心。和沉默的父亲不同，我的母亲感情一直非常丰富，对我们也很温柔，照顾得十分周到，毫无保留地深爱着我们。而且，她很爱我父亲，虽然在我看来他是个顽固的男人。

看到父母感情这么好，我不由得想，自己以后结婚，也一定要建立一个这样的家庭。女人照顾家里，男人则负责在外打拼，留给家人坚实的、可靠的背影。这是我还是个孩子的时候就感受到的事情，直到如今依然记得。

告别父母之后，我和女友一起坐上了租赁车去往东京。我的行李很少，只有一台电脑和一条浴巾。不过现在我已经记不清为什么当时只带了一条浴巾了。后座上和后备箱里，满满都是女友的东西。

出发后的第一站就是市政府，我和女友打算先去提交结婚申请表。因为到的时候已是深夜，窗口肯定没开。于是，我们把申请表交给了夜间在守卫室值班的人。

我清楚地记得，四个月之前，当我第一次告诉女友我要去东京的时候，她一秒钟也没有迟疑，就说了一句："我跟你一起去！"

女友很清楚，我当时没有钱，也没有客户，根本不知道未来在东京能不能成功。而且手上仅剩的一点点钱，也全部投进了事业当中。但是她说这都没关系，她不在乎有没有结婚仪式，有没有蜜月旅行。她甚至笑着说："如果实在不行，我也可以出去上班。"

从大阪到东京，我们要坐八个小时的车。车子从名神高速进入东名高速，经过静冈县浜名湖附近的立交桥的时候，我打了个盹儿，然后在车里迎接了新一天的朝阳。

车窗外，晨光洒在湖面上，闪闪发亮，景色美得令人晕眩。我心想，这是否是在暗示我的未来呢？

在东京，我选择的办公地点位于涉谷区笹塚，是一处商住两用的公寓。坐京王线从新宿出发，三站就到。公寓就在笹塚车站前面，一条名为观音道的商业街中间，而且这里真的有一座观音的雕塑。这条街道上布满了小小的蔬菜店、美发店和居酒屋，给人一种昭和年代的错觉。

我办公的地方就在这条街上，是一间只有二十平方米大小的一室一厅。当然，换了城市，等于又要从零开始，说一点儿不安都没有，那肯定是骗人的。说实话，我的内心确实是充满了不安。但这并不妨碍我满怀希望地憧憬着即将到来的新生活和新挑战。

我内心坚信，在大阪不太能看到成长的可能，但东京就完全不一样了。我之所以选择来东京，就是为了证明自己可以在既没有钱又没有客户还没有经验的情况下，依然能做出成绩来。

这一切，发生在我 27 岁那年的春天。

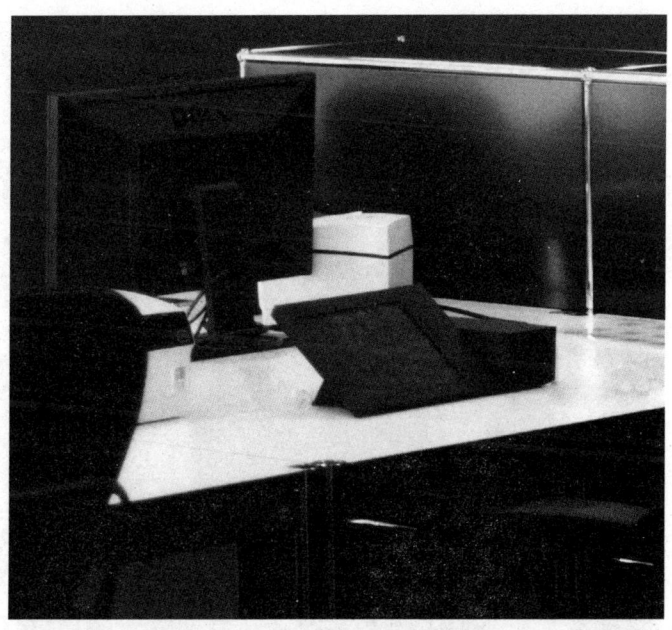

[Part Four]

[Part Five]

東京進出

第五章　　进军东京

[2002年3月]

我正式开始了在东京的全新生活。在大阪,最繁华的要数被称为"北区"的JR大阪站周围一带,和被称为"南区"的斋桥和难波。

东京比大阪繁华得多,新宿、涉谷、池袋、银座等等,到处都是和大阪的南区北区差不多的商业街,而且这些地方一个比一个繁华,熙熙攘攘的程度互不相让。城市的规模岂止是大阪的两倍,简直是10倍20倍的差别。

如此巨大的城市,如此繁华的街道,这里的可能性也一定相应地比大阪多很多。

因为东京是日本的政治、经济、文化中心,所以很多事情都很刺激。

在偌大而陌生的城市,我这个新来的创业者一无所有,连一个熟人都没有,更别提客户了。记得当时,我手上唯一拥有的,就是自己公司研发的一款卖不出去的产品。但是我内心一点没有因此觉得悲壮,也许我最大的长处就是能隐藏不安无所畏惧地往前走。

我的内心反而充满了一种莫名的喜悦,坚信自己一定能在这里做出一番成绩。

安顿下来之后,第一步就是出去寻找有机会合作的客户。我当时采用的,还是和之前在大阪一样的方法。

我不厌其烦地给很多家公司拨打营业电话,告诉对方我们什么业务都愿意接,希望能给我们合作的机会。就这样,在打了不知道多少通电话之后,积累的客户终于渐渐多了起来。接下来的工作，就是要从这些已有的客户当中筛选出有邮件发送需求的人。

客户对于受托开发业务的要求很简单，一是价格便宜，二是速度快。

当然，我肯定不会因为要满足这两点就降低品质，这点自信我还是有的。在离开大阪之前，开发过几个愿意和我合作的便宜的外包公司。

很快，我正式开始了营业。在这个过程中，我惊讶地发现，东京和大阪的订单价格简直有着天壤之别。同样一个业务，在东京的价格可以达到大阪的两到三倍，这对手头拮据的我来说简直就是天大的好事。

不过，我现在还没有到能够对订单挑三拣四的时候。所以我想得很清楚，无论接到什么订单，都全力以赴去做。

那时，我的目标是每个月的销售额达到 100 万日元，其中利润率 30%。如果每个月都能获得 30 万日元的收益，再除去工作室的租金和日常交通费等等琐碎的开支，还能结余 10 万日元。这 10 万日元如果节约点花，能让我和我妻子生活下去，虽然生活水平会有些低。所以我最大的目标，就是保证每个月稳定地达到这个收益水平。

但是订单当然不是想接就能接到的。当我去见客户的时候，我遇到了和在大阪时相同的问题：只要听说我是个体户，对方就立马翻脸不认人，向我投来怀疑的目光。

如果可能，我真想尽快法人化，无奈手头的钱完全不够。不用说法人化了，就连成立一个有限公司的 300 万日元都拿不出来。

虽然单个订单的价格翻了几倍，但无论是大阪还是东京都一样——做生意的时候，无论怎样，信用都是最重要的。

▽　　▽　　▽

和在大阪的时候一样，我无时无刻不在冥思苦想，到底怎样才能获得别人的信任呢？

那么首先，所谓信誉到底是什么？

在商业行为中，一个守信用的人得到的回报就是能赚到该赚的钱。换句话说，如果将信誉"数值化"，就是钱。

不过，人与人之间的信任，毕竟不是一日两日就能建立起来的，只有靠一点一点的累积才能建立。正因为如此，"信任"这件事本身，才值得信任。

这是我创业这一年以来，深有体会的一件事情。因为我无时无刻不在思考，怎么才能提高自己的信誉。

我甚至想过，是不是我压根儿就不应该把时间花在思考这个问题上？但结果是并非如此。

我突发奇想，对了，何不借用已经拥有市场信誉的客户的品牌来为自己所用呢？这样一来，即使自己本身没有名气，也能接到订单。

到东京后的第三个月。为了推广自己公司研发的产品，我走访了很多网页制作公司。跟我之前上班的公司一样，在东京也有很多网页制作公司的前身是设计公司。

因为有了之前的经验，我知道由于这些公司是从设计公司发展来的，所以公司内部都不太擅长系统开发，一般也没有懂得专业知识的人。

"等等，莫非……"

我转念一想，既然如此，我直接去做"营业代理"不就可以了吗？具体战略是这样的——首先，我去借来客户公司的名片，如果他们有系统开发的业务，就让我一起去。不过，前提是要装作是那个公司的员工才行。

当然，每次业务都是按结果计报酬的。如果订单没有接下来，就不收费。

从前期提案到接到订单之后的各种手续，都由我来做。

而且这种合作模式，对制作公司也没有风险。相当于免费雇佣了一个能做系统开发提案的营业人员。说做就做，很快我就通过电话预约了已经交换过名片的公司负责人。在我详细说明了自己的计划之后，对方很快答应马上帮我做名片。整个过程都沟通得特别愉快。

也许靠着这种模式，我就能让公司慢慢运转起来了。于是，我一个个地拨通了营业电话，然后告诉对方："我可以帮你们公司做系统开发的代理营业，拿不下订单不收费，完全是按结果收费。"

就这样，很快我就得到了各种公司的许多名片和各种头衔。从那以后，我源源不断地接到来自各种各样的公司的业务谈判。

虽然我在做的是这件事情，但我一刻也没有忘记，我真正想做和要做的，是创办自己的公司和品牌，在市场中占有一席之地，这是我一直以来不变的坚持和追求。

但那时候的状况是怎样的呢？状况很无奈——如果仅凭一己之力，连足够的订单都无法接到。

我只好选择权宜之计，即借用别人公司之力往前走。因为当时的情况是不允许我拘泥于是不是用自己的品牌这件事的。

当务之急只有一个，就是让自己先生存下去。无论用什么方法，只要能生存下去，总有一天机会会来临的。如果连生存都保证不了，那一切都是空谈。

我明白，当一个人实力不够的时候，是没有资格谈什么理想的。唯一能做的，就是尽力把眼前的每件事情都做到最好。当某天自己拥有真正的实力的时候，想怎么理想都行。

我突然想起一句话：卧薪尝胆。

在大阪，我人生中的第一个老板为广先生教给我很多，而这一句是我最喜欢的。

▽　　▽　　▽

自从开始做营业代理之后，我每天变得特别忙。只要客户那边有了业务预约，马上就会接到谈判电话。如果对方说希望见面谈一下，我就必须马上赶过去。总之，每一天都在马不停蹄地四处奔波。

不过这样的方式，利润率非常低。只要客户那边有一点点业务的苗头，我立马就会被叫出去。同时，由于是真正的成果报酬型，所以交通费都是自己出。一段时间后，我分析了一下，接下订单的概率在20%左右。也就是说，谈五个一般只能成一个，而且价格完全是客户说了算，所以我的收益被压得很低。

除此之外，我还要给外包公司支付报酬。所以我最终得到的报酬，跟我所付出的劳动是完全不成正比的。尽管如此，我还是只有继续努力坚持。

因为无论如何，我都必须保证每个月的营业额稳定在 100 万日元。当然，理想的状态是，能用自己的品牌和自己的产品达成这个目标。

而当时自己的产品的订单数还不到 20 个，销售额总共只有 1.6 万日元左右。只够支付服务器的费用。而且，客户在使用服务的过程中，也会提出各种需求，所以要提升服务也需要一部分资金。

总之，我们的钱一方面必须用于维持自己继续生存下去，一方面用来提升服务。所以，当时绝对没有资格东挑西拣，唯一能做的，就是埋头苦干。

在这个阶段，我学到了一件重要的事情。那就是，无论是什么业务，就算经验不足，知识不够，只要客户提出了要求，我都一定会回答："没问题，什么都可以做。"可以说是有求必应。

不管三七二十一，先答应下来，事后再想办法。虽然事实证明，几乎所有接下来的订单最后都顺利完成了，但是这其中的各般滋味，只有我自己了解。而且，从某种意义上来说，什么都能做其实就是什么都做不了。

真正有自信能提供专业服务的公司，一定不会说"什么都能做"这样的话，而只会说："我们公司最擅长的是这个，这一部分绝对比其他任何公司都要专业。若是这样您还是希望选择别家公司，那就请自便。"他们对自己的业务有明确的认识和划分，清楚地知道这个我们能做，那个我们不能做。

反之，像我这种，正因为本身没什么特别擅长的，对自己也没什么自信，所以才会说："什么都做，什么都可以。"因为我太害怕被拒绝了。

说真心话，我不愿意借用别人的品牌。因为这对于一个创业的人来说，本身就是一种奇耻大辱。哪怕是早一分早一秒，我也想早点摆脱现在的状况。

无论过程怎么艰辛，我都绝对不会轻言放弃。因为我很早就知道，对我来说，只有创业这一条路可以走。

没有退路这件事，对人的影响是很大的。因为一旦有了退路，就会因为如何选择而陷入烦恼。至少对我来说是如此，除了创业，别无选择。而且，无论绕多远的路，花多长的时间，我都希望能依靠自己的实力做出自己的事业。

现在回想起来，这段经历对我之后漫长的人生都发挥了巨大的影响。它让我对"自己生产的产品"和"自己公司的品牌"这两件事拥有了超乎寻常的执着，还让我拥有了越来越强的自尊心。

▽　　▽　　▽

搬到东京之后，我还是经常和小礼联系。我了解到，他每个月需要的生活费是 10 万日元。当时他主要靠平时在家庭餐厅打工来赚这笔钱，我让他优先去做我外出营业代理所接下来的订单，尽量保证不用打工也能凑齐生活费。

不过这也算不上是纯粹的"关心"。我之所以这么做，完全是因为我害怕和他变得没有一点交集，渐行渐远。而且也希望他能够多做一些项目，多积累一些经验。

我深知，要想取得成长，捷径就是通过实战多积累经验。

首先要做的就是把量提上去。数量积累上去了，总有一天能变得有自信。所以归根结底，当时那个阶段最重要的就是多做，大量地做。

在量大的基础上，还要保证质量。不能因为数量大，就降低对品质的要求。

那时候，要维持公司资金正常运转非常辛苦。但是我一次也没有跟小礼提过，因为知道了这些对他也一点好处都没有。

更何况，我实在太希望他能在毕业后来东京找我了。就算是为了这个理由，我也不能把这种不安传达给他。所以，我一般会尽量避免跟他谈到钱的问题，更多是对未来可能性的展望和计划。

虽然我有意识地避免谈及，但他那么聪明，一定不会没有觉察到，自己公司的产品是否好卖，只要在存有合约信息的数据库对照一下，就能轻易了解。所以，就算我想隐瞒也是徒劳。

只需对照数据库，便可以知道当时签下来的合约只有20份，简单一算，就能知道公司产品每个月的营业额不过1.6万日元。

所以，在内心深处，其实我已经对他能来东京这件事不抱多大希望了。毕竟明眼人一看就知道，目前的状况并不乐观，更何况是他那样一个天才少年。

他一定会觉得，我把自己研发的服务说得那么厉害，可事实是几乎卖不出去，这根本就是能力不足。所以我想，既然情况都这样了，他不愿意来东京也是没办法的事。

到东京八个月之后，时间走到了11月的某天。

好不容易适应了每天乘坐东京的地铁去见客户,那天却莫名地觉得有些感伤。我失落地想,东京这么大,这座城市里的人那么多,为什么我的服务就是卖不出去呢?这时,电话响了起来。我打开一看,是小礼发来的短信。

"我决定未来的路了。"

短信只有短短的一行字,不明所以的我马上给他打了电话。我内心已经做好了被拒绝的准备。电话刚接通,小礼就精神抖擞地对我说:"我决定了,去东京!我要和天毛先生一起工作。"就像突然蹦出来的话。

我简直不敢相信自己的耳朵,这位年轻的朋友,真的愿意相信现在这个一无所有的我,把自己的未来赌在我身上吗?

我感到全身都在发抖,上一秒还在沮丧失落,现在却因为这个年轻的朋友感动得几乎哭了出来。那一刻的感动,我铭记至今,那是我一生中最珍贵最难忘的回忆之一。

我再一次懂得了,人和人之间的关系,绝对不仅仅只有利益得失。

我暗暗地告诫自己,将来,无论公司多么壮大,这一点一定不能忘却。

▽　　▽　　▽

三个月后,小礼来东京的事情最终定了下来。一想到大学刚毕业的他上班的第一个地方就是个体户,这样真的太对不起他了。

想来，确实也到了该法人化的时候了。于是，我把身上所有的钱凑齐了300万日元。这些钱，是我这八个月以来兢兢业业帮人做营业代理赚来的全部资产。

[2003 年 2 月 1 日]

我终于注册了自己的公司，公司名叫"Speed Mail 有限公司"。作为一家名不见经传的小公司，要让别人同时记住公司名和服务名是十分困难的。所以，虽然我内心已经想好了一个公司名字，但我还是决定把它留到升级成为株式会社的时候再正式使用。

就这样，开始创业整整两年之后，我终于如愿以偿地法人化了。

法人化之后，情况发生了惊人的变化。虽然我做的事情、说的话、办公的地点等等什么都没变，但直接来找我做订单的人一下子多了起来。

与此同时，订单的价格也变了。在那之前，作为个体户，我接受订单的均价为 30 万日元。但是法人化之后，一下子提高到了 100 万日元左右。而且这还是在我做的事情和说的内容完全没有任何变化的情况下。

这么看来，我之前之所以那么难熬，完全是因为局限于个体户的身份。既然法人化之后都发生了这么大的变化，要是注册为株式会社，订单的价格岂不是更高了？要真是如此，我一定要尽快升级成株式会社。

但是，剩下的 700 万日元是个大问题，我已经没有精力去赚到这么多钱了。于是我找到税务工作人员商量，他告诉我，有一种资本政策叫作"负债权益互换"。

具体是这样的：把董事的报酬设定得高一些，但实际不支付那么多。这样一来，就会积累下来其他应付款。虽然最多也不过是账本上那么点，但有了这些钱，就可以用来做资金周转了。

当时，我设定的董事报酬是8万日元。鉴于以上原因，我一下子把这个数字提高到了80万日元。然后每个月只支付15万日元现金，剩下的65万日元先作为其他应付款。这样储蓄一年，公司账本上总共能存下来780万日元。

一年后我就可以把这些钱用作资本，升级成为株式会社。也就是说，有了注册有限公司的300万日元和780万日元董事应付款，我就能够凑齐注册株式会社所需要的1000万日元了。如果按照这个办法，我一日元都不用出，就能成功改组成株式会社。

而且对于客户来说，他们不会关注我们公司的注册资金是怎么得来的。在外人看来，无论是什么形式，注册资金1000万日元就是1000万日元。

对于一个公司来说，信誉就是一切。所以无论用什么办法，也要撑过这一年。然后，建立株式会社。这又是创业过程中一个重要的里程碑。

▽　　▽　　▽

[2003年4月]

小礼如约来到了东京。

我把他住的地方安排在了我们工作室楼上的303室。对我个人来说，他是我人生的第一个下属；对于公司来说，他是第一个正式员工。

有了第一个员工，我的内心变得非常不确定，我真的可以做到吗？

从某种意义上来说，迄今为止，如果收益提不上去，我自己忍忍就过去了。如果资金稍有余地，我就从中拿一些最需要的基础费用。但是今后不能这样了。无论有没有订单，有没有收入，都必须每个月固定地给小礼发放工资。

最初的条件是：

——工资20万日元

——工作时间从早上九点到夜间

——没有加班费

——没有保险

——每周单休，休周日一天

虽说我自己的工资只有15万日元，比他还少，但小礼毕竟没有在意这些严苛的条件，义无反顾地来了东京。而且如果他想找其他工作，肯定能找到条件好很多的。我不知道是什么原因促使他做了这个决定，但因为不安，我没有多问。

正式开始一起工作后，他也带给了我很多惊喜。他完全不像一个刚刚走出校园的应届生，甚至可以说比之前和我一起工作的同事、前辈们都要优秀很多。于是，我们二人商量之后，对手头的工作进行了分工。

我负责和客户交涉、做预算、管理订单缴纳日期等；他主要负责系统的功能定义和开发。营业代理的工作也发展顺利，很多订单找上门来。但因为以前都是外包，所以利润率一直都非常低。而且有时候因为太在意订单数，价格压得太低。总体算下来，平均利润率在 20% 以下。

不过，在小礼加入之后，情况有了很大的改善。原本只有 20% 的利润率，一下子上升到了 80%。他来东京的第一年，平均每个月销售额是 100 万日元。当利润率只有 20% 的时候，手上能存下来的利润就是 20 万日元。但他来了之后，销售额不变的情况下，利润就从 20 万日元直接增长到了 80 万日元。

而且由于我们在同一个空间办公，所以出现任何问题都可以立即讨论。

跟之前孤军奋战的时候相比，现在的效率足足提高了五倍。

小礼总是这么说：

"网络系统的话，我什么都能做。所以无论什么订单，您尽管接就是了，我一定会一个不落全部完成的。"

作为一名营业人员，只要拥有决定价格的权利，能控制的就很多。可以说，定价就是买卖的关键。我做了这么久营业，从来没有听到过这么难得的话。创业以来的这两年里，我吃过的苦，说出来估计都没人相信。

小礼来东京的前三个月比较悠闲，但到了 6 月之后，订单就持续增多。只要是业务，我一概不挑。不管多便宜、交付周期多紧张、难度多大，统统来者不拒，抓到什么就是什么，每天除了工作，还是工作。

我和小礼每天从早到晚都沉浸在工作中。在大阪上班的时候，我有信心说比任何人都工作得久，但也不能跟现在的状态比。简直就是二十四小时不停歇的节奏，连睡觉都觉得是奢侈。

为什么能这么拼命地工作呢？不是为了别人，而是为了我们自己。现在，我们什么都没有，所以没有资格挑选订单。但我们的目标是在不远的将来，一定要成为有资格做选择的人。作为一个生产商，当然想专注于销售自己的产品。这是我和小礼之间一致的目标。

在生活上，妻子一直支持着我们。每天的午饭和晚饭，都是趁着工作的间隙，回到隔壁自己住的房间一起吃的，就像是一家三口的感觉。虽然我给的生活费很少，但妻子总是有办法让我们吃得饱饱的再继续工作。

最难得的是，无论生活多么艰苦，妻子都没有一点怨言。妻子总是非常乐观开朗，让我十分安心。

所谓战斗，不只是上前线打仗那么简单，只有前方战线和后方阵营默契配合的时候，才最有战斗力。我和妻子就是这样的关系，我们是奋斗路上的战友。正是因为有了妻子在背后默默无闻地支持，我和小礼才能更加专注地投入工作。

不知不觉，小礼来东京已经整整三个月了。季节也从春天走到了夏天，东京的夏天是非常炎热的。

时间过得越来越快，而低廉的承包价格，让我们的工作更加繁忙，而且价格不是一般的低廉。

打破这个价格之后，不知不觉中，我们成为了客户口中的

"笹塚的中国"。如果，我们态度再真诚一点，开发速度也能提上去的话，一定会被重视被尊重的。

这个阶段，我们有很多大大小小的客户。

自从法人化之后，有一些大的企业也给我们开设了交易账户。

总之，订单的数量越来越多。这时我们感觉来到了一个临界点。于是，我和小礼商量，招聘一位能做业务开发的工程师。

我们把招聘的信息发布在了一家名为"Find Job！"的专业招聘网站上。那么问题来了，工资应该写多少呢？这是个头疼的问题，因为，首先，至少不能比小礼的工资高。

于是，最后是这么决定的：

——工资 18 万日元

——上班地点：涉谷区笹塚

——招聘系统开发工程师

很快，就有好几个人前来应聘。但是一看简历内容，都是来自中国、印度、巴基斯坦等国家的外国人。统计下来，一共有 12 个人来应聘，但一个日本人都没有。

我忍不住想，莫非"Find Job！"这个网站是专门面向国外求职者的……

于是我找到一个认识的企业老板问了一下，他说没有这回事，这个网站的用户几乎都是日本人。

那就奇怪了，为什么来我家面试的都是外国人呢？在招聘信息中，我也没有写"不论国籍""外国人优先"这样的话。不过既然情况如此，也就只能这样了。我很快安排了面试，录用了三个人，一个印度人，一个巴基斯坦人，还有一个中国人。不过有一个问题，这三个人都不怎么会说日语，而且那个中国人连英语都不会说。所幸，程序语言是世界通用的。我给他们看想要做的页面，努力让他们明白我的意思，只有这样，工作才能一点点往前推进。

在差不多只能装下八个人的房间里，五个大男人拥挤地坐在一起。桌子和桌子之间的间隙，只有可怜的 30cm。如果不侧过身来，几乎都没法走路。如果坐在里面的一个人想要去上厕所，所有人都必须站起来让路。

吃午饭的时候，印度人在这间狭小逼仄的办公室里焚上一支甜得腻人的香，据说闻着这种香心情才能平静下来。那个巴基斯坦人则每天都会定时去简陋的阳台上做祈祷。

我虽然在心里想了无数次，很想让他们别那么做了，但害怕得罪了他们，因为只要他们一辞职公司就没办法运转。不过这些对工作也说不上有什么直接的影响，所以我一般的时候都是睁一只眼闭一只眼的。

每天都感觉生活在漫画世界当中。公司一共有五个人，其中三名都是外国国籍，因为这位中国同事不会说英语，所以公司通用的语言就是"图解"和"肢体语言"。看着此情此景，我完全无法想象一年之后我们公司会变成什么样。

▽　　▽　　▽

笹塚的多国籍团队并没有持续很久。并不是因为交流上的困难。总之，他们离职最主要的原因，是看到我和小礼每天从早到晚疯狂地埋头在工作当中，感觉有点接受不了。

"你们俩人简直太疯狂了。"他们总这么说。然后，一个人走了，接着剩下的两人也走了。于是，我又重新招来了两个新员工，一个中国台湾人，一个印度人。同样，他们两个人也都没有坚持下去，走的时候还扔下了和前面几个离职的员工说过的一样的话。

的确，我们当时的情况非常不好。不仅劳动条件差、工作环境差，而且我还要求新来的员工和我们一样积极地投入工作。

但是站在他们的角度，肯定就和我想的不一样了。

我也曾经问过他们，为何会选择我们这样一家公司。结果答案让我非常意外，理由十分简单，他们都异口同声地说："因为别的日本公司都不接受外国人。"这些人都曾经在10家、20家公司的面试中连续落选。

在这么多家日本公司中，我们公司是唯一当场就决定录用的。当然他们也有自己的短板，那就是不会说日语。正常情况下，光因为这一点，日本公司就不会接受。所以，他们想的可能是，也许只有条件稍微差一点的日本公司，才更有可能录用自己。对他们来说，只要能找到工作就万幸了，做什么都可以。

但不是所有的人目光都这么短浅。有一次，一个来自印度尼西亚公费留学的高材生问我："请问，这个公司的发展愿景是什么呢？"

我内心想：发展愿景，这个我们当然是有的。

自从我开始创业那一刻起，我就知道我的梦想是把这家公司做成海内外首屈一指的制造商，做成世界级的大品牌。

但现实是个残酷的大考场，现在我要做的，就是拼命努力让公司活下去。哪儿能一开始就指望名扬世界，而且在目前这种窘境下，我也说不出"世界"这样的字眼。

所以，我半推半就地回答说："我的愿景，就是能坚持一天是一天。只要今天能坚持下去，自然就有明天。目前阶段，我想的就是这些，没有别的奢望。"听完这话，这位高材生第二天就没来了。

现在我终于明白，他当时所说的愿景对于一个公司来说有多么重要。但是当时在那样的境况中，要说什么"愿景"，简直无异于画饼充饥，夸夸其谈。

简单来说就是时机尚不成熟。连基本运转都成问题的时候，根本没有时间和精力去想"愿景"啊、"理念"啊，这些漂亮的字眼。每天满脑子想的都是怎么把眼前的工作做完。

创业初期，要找到合适的人才真的太不容易了。每天工作堆积如山，忙得不可开交，发出去的招聘也总是石沉大海，虽然我们的招聘启事上对于国籍、年龄、性别等等，什么都没有限制。

虽然招聘条件不是全部，但条件也是相当重要的。毕竟每个人都有自己的生活，有自己需要守护的人。我这里的工资只有18万日元，而且每周只能休息一天，再加上办公地点还在笹塚的一间一居室里，条件确实非常不好。整个东京比我们条件差的公司，恐怕也找不出多少家。

所谓公司，光靠在客户中人气高是没有用的。归根结底，对于一家公司来说，最重要的就是人。小礼来到东京之后，我明显感觉到公司发生了巨大的变化。我想，我们一定要早日成长为一家应聘者都喜欢的有魅力的公司。希望每个来应聘的人都说：

——"我只想在这个公司工作！"

——"除了这个公司，我哪儿也不去。"

在美国生活的那段时间，一个非洲籍的法国人曾经告诉我，在他们生活的当地，流传着这样一句格言：

"如果想快点去一个地方，就一个人去吧！如果想去远一点的地方，就一群人一起去。"

这句格言说得真有道理。现在的我就不是想去得早，而是想去得远。就这样，我渐渐明白了，最重要的不是做什么，而是和谁一起做。

毕竟人生只有一次，谁也没有机会重来。属于我们的时间是有限的，我不想只是为了赚钱而麻木地工作。而且，我希望来我们公司上班的员工也一样。

我自己不就是这么想的吗？比谁都强烈。一直以来，我不都是坚决地在拒绝去做任何自己不喜欢的工作吗？

但不可否认，我们当时的条件确实有所局限。虽然我想这么去提醒那些员工，但真的抽不出那精力来。尽管如此，我还是希望能招到优秀的员工，我迫切地希望能尽早找到和我齐心协力往前走的人。

那么，究竟怎么才能找到这样的人呢？正当我为这个问题焦头烂额的时候，突然灵光一现。

"对啊，我把我的真实想法告诉他们不就好了吗？"

我自己不就是这么一路走来的吗？——刚开始创业的时候，既没钱又没经验，但还是凭着一点一点的努力坚持到了现在。而且这一路上，还得到了很多人的帮助和支持，这是为什么呢？

不就是因为我把我的"热情"传递给了他们吗？

其实人们不只是为了钱和条件而工作的，也会为了"思想"，公司也是一样。法人，顾名思义，也有着和人一样的性格。

当时，博客这种新事物作为一种能让个人发声的崭新媒体备受瞩目。能不能注册一个博客，把我们公司的理念和思想，毫无保留地写出来呢？

还没开始写，就发现我想写的东西太多太多了。

——工作内容是什么？

——需要招聘什么样的同事？

——公司的目标是什么？

虽然我们的条件确实有些不好，但我有信心，论思想，谁也比不过我们。我决定了，写出我们最真实的样子就好。不要任何粉饰和伪装，简单明了即可。而且语言这种东西，重要的往往不是说了什么，而是是谁说的。毕竟现在什么成就都没做出来，就算写得再厉害，也很难有多大的说服力。

有什么就说什么，完全以真面目示人。如果有人对这样的我们感兴趣，就要好好感恩和珍惜那些相遇。

我跟另外一位社长说了这个打算，但对方坚决反对。本来写博客用真实姓名的就很少，更别说公开全名和公司名字，这些东西一旦写在博客上，就没有一点隐私可言了。完全暴露在公众视野之中，这是多么危险的事情啊。

但我不这么想，我根本不在乎这些。这么多年来，我都是堂堂正正地活着的，也没有什么见不得人的事需要隐瞒，而且今后也会一样，要一直光明正大地走下去。比起隐私，我更渴望的，是早一点找到合拍的工作伙伴。

写博客的效果出乎意料的好。刚开始更新，我就遇见了很多在招聘网站上不可能遇见的人。当然，写博客的效果，不仅仅是招到了需要的人，还吸引了很多客户和供货方。最奇妙的是，还有一些公司员工的家人等等，总之，这个博客吸引了很多人来读。

文如其人。一个人的文字无论怎么美化，怎么粉饰，写出来的东西都不会超过他的内心世界。一篇文采一般的文章，虽然只是拼凑出来的，但也可能能打动读者。通过这些博文，我还认识了一些能相交一生的伙伴。决定写这个博客并且坚持下来，真的太好了。

▽　　▽　　▽

直到今天，我还对一件事情念念不忘。

每天结束工作，都已经是深夜零点以后了。但无论多晚，我都会和小礼两个人去办公室附近的公园坐一会儿，我们一边喝着罐装咖啡，一边畅想——如果哪天公司发展壮大了，想做这个事情，想做那个事情……

我们总是一边喝着咖啡，一边说着这样白日梦一样的话。有时候实在是太忙了，也会陷入焦虑和迷茫，不知道我们为什么要这么努力工作。所以，我们特别需要找到一个值得期盼的未来。

那时候，在笹塚有一座18层高的大楼，是微软公司的办公楼。我观察到，每天下班后，无论多晚那栋楼总是灯火通明，仿佛一座不夜城似的。现在想起来才明白，他们实行的可能是轮班工作制，但当时完全不知道也想不到。

看到一个这么大的企业都还这么努力，我们这种风一吹就倒的小公司更应该发奋图强了。至少，在工作量上，不能比他们少。

很长一段时间内，我和小礼每天都望着那座大厦，幻想着哪一天我们也能成长为那样的大企业。

对于我们二人来说，头等大事就是让公司一直存活下去，所以再苦再累，也没有一点不满和抱怨。可以说，为了这个公司，我们都付出了自己的所有，恨不得付出全部生命。

之前的人生中，我很少这样拼命工作。那段时间，除了睡觉，几乎无时无刻不在工作。创业整整三年，我一次也没有休过假。每天一睁眼就是工作，甚至每天直到睡觉的前一秒都还在工作。

那种状态完全是狂热而不自知的，但我的确能感觉到实实在在的"生存着的感觉"。更准确地说，是"存活下去的感觉"。

那种感觉，我至今仍然无法忘却。听说，一个染上毒瘾的人之所以很难戒掉，就是因为大脑里对毒药带来的快感印象太深了。我想，当时的我就是类似那种感觉。

创业初期的"充实感"是非常难忘的。几乎没有任何闲暇，只能埋头苦干。而且每一件事情都很紧张，所以只能忘我地投入其中。

至少对我来说,体会过这种感觉的人生和没有体会过这种感觉的人生,价值是完全不一样的。我常常想,我始终追求的不正是那种状态吗?

回想起来,也正是创业的前三年这段最艰苦的岁月,是我们的能力成长最快的时候。我始终相信,逆境往往比顺境更能教人成长和进步。

如果没有那时候的经历,也就不会有我现在的一切。而且,我想,也正是因为一起走过了那段最艰辛的岁月,我和小礼之间才更加默契,更加离不开彼此。

▽　　▽　　▽

[2004 年 3 月]

算算时间,我来东京整整两年了。这时,正好也迎来了一年中工作最繁忙的季节。找我们开发系统的订单不断涌来。

创业已经整整三年了,回想起刚开始的时候,一个客户都没有,连生存都是问题。但现在不会有那种不安全感了,因为只要我不挑三拣四,订单想要多少都没问题。

但我说的都是受托开发的业务。反观我们自己的产品,则根本卖不出去。时间过去这么久,合约数依然只有 40 份。一年下来,仅仅增加了可怜的 20 单。距离我们开始做这项业务,其实已经过去三年了。可为何一点儿能卖出去的苗头也看不到呢?

而且我一直没有说,其实在这一年期间,我们为了销售自己的产品做了很多努力。不仅利用帮别人开发系统的间隙，重新从零开始做了一次这款产品，改进了其中有问题的地方，期间经历了无数次实验和失败。总之，关于产品本身，我们能想的办法都想过了，可就是卖不出去。

对了，有一个地方我们没有改变，那就是费用。在开发这个产品的时候，我们定下的费用是首次安装费3万日元，包月费用8500日元。

在这三年中，我一直埋头于自己公司的业务，从来没有关注和调查过竞争对手的情况。我一直认为，别人是别人，我们是我们，没什么可竞争可比较的。自己的产品能不能得到市场认可才是最重要的。可当我时隔许久调查了一下市场上竞品的情况时，我完全惊呆了。

不知道什么时候，市面上竟然出现了包月4900日元的服务。而且，引入的合约数，不知道是真是假，竟然写着有300家公司。在这之前，我不想轻而易举就给产品降价。可以说，我认为这个价格对我来说是不容退步的。

但每一个卖不出去的产品，都有它的原因。

所以，我一定要努力找到这个背后的原因，我一边这么想着，一边不断地改善了产品，但是结果依然什么都没改变。再下去，实在找不到别的原因了，只有听从直觉。

于是，我对小礼说："我们降价吧！"

听到这话，小礼非常意外。

"那，我们降到多少呢？"

我毫不犹豫地答道，"别人公司卖4900日元，我们就降到

2000 日元。要做就做到极致,把价格降到行业最低,以此和别人竞争。"

"啊,这样太不好了吧?"

"有什么不好的?"

"只要一降价,利润就会变成之前的四分之一了。"

确实,小礼说得没错。现在,我们的包月费用是 8500 日元,合约数有 40 家,所以我们的销售额是 34 万日元。

接下来,如果我们把包月费用降低到 2000 日元,那么销售额就直接降为 8 万日元了。而且即使我们降了价,也可能照样卖不出去,那不就白白浪费了一个月 26 万日元的利润了吗?

26 万日元虽然不多,但对于当时的我们却是一个很大的数字。因为,这是我们每个月的稳定收入。一旦降价,就相当于不得不放弃这一切。

"我们还有别的方法吗?"

"没有了……"

"坦白说,我也不知道降价以后到底能不能卖得出去。但是,如果这样干等下去,应该会更惨吧。"

"是的!"

"如果一定要死,也要拉上几个同行一起!"

听我慷慨激昂地说完,小礼哈哈大笑起来。其实,我们根本没有实力说什么"拉着同行一起死"这样的大话。

现在的我们,默默无闻,几乎没有存在的价值。

但那对于我们来说,可以说是一个非常重大的决定了,因为我们几乎已经走投无路。我想,小礼一定也明白我这么做的原因。

"是啊,如果就这样失败,实在是太不甘心了。这一次,就让我们一起破釜沉舟吧!"

他也说,就算失败也不后悔。因为这三年来,应该做的事都做过了。如果还是不行,大不了从头再来。本来现在也没什么好失去的。

就这样,我们俩都做好了一切心理准备,决定最后一搏。

▽ ▽ ▽

记得有句俗话,"功到自然成"。

意思就是无论什么事情,无论刚开始有多么难熬,有多么看不到希望,也要咬牙坚持三年。这句话,是我决定开始创业的时候,爷爷告诉我的。

爷爷告诉我,说三年就是三年,如果少了一天,都没有意义。一定要熬满三年,才能见真章。我想,我一定要遵守这个约定。

也许正是因为有了爷爷的这番话,我才能在这三年期间全力以赴地做这一切。

但是,做到这么多,已经足够了。细想一下,在这三年中,我们从受托开发业务赚来的钱,几乎都投入到了自己的产品中。可以说我们这三年来一直都把精力和资金投入在了这款服务上,但一点效果都没有。怎么也卖不出去,我已经彻底厌烦了这种状态。

一旦作出了决定,就执行得越快越好。

所以仅仅花了十天时间,我们就做好了一切准备——修改了网页信息，调整了产品目录，和原有客户沟通新的变化，以及更新系统。

我们还发布了一则新闻通告。这则通告的发送，无论是报社还是杂志社，我们都统一使用了帮我们代理发送的 @press 这项服务。通告的题目是这样的："主营邮件发送系统的 Speed Mail 公司，将以 2000 日元的业界最低价格为用户提供服务。"

13 时，通告发送出去了。

很快，就有人打电话到办公室咨询。

"您好……我看了你们的通告……"

其实，这则电话打进来的时候，消息刚刚发出去不到五分钟。我一打听对方的公司名，竟然是一家人人都知道的东证一部[1]上市公司。

对方说，因为对我们的服务很感兴趣，想面谈一下。

很快，我们定好了见面的时间。刚放下电话，又有新的电话进来，这次还是看到通告后想和我们谈业务的。于是，我又跟这位客户定好了时间地点，再次放下电话。和上次一样，刚一放下，电话又响起来了。

对了，当时我们公司只有一条电话线，而且装的是一部家庭用的无线电话。自从通告发出后，这部电话一直不停地响起，我从来没有一下子接到过那么多电话。也许正是因为以前太冷清了，那一天才会有那么多电话打进来。

一天下来，我统计了一下，一共接到了五十多个咨询电话。

---

1 东证指的是东京证券交易所，日本的证券交易所之一。一部，相当于主板市场。

好像一年的咨询电话都约好了在这一天打了进来。也许是电话讲得太多，到了晚上我的嗓子都有些嘶哑了。下班的时候已经是凌晨一点了，像往常一样，我和小礼走出办公室，来到公司附近的公园，坐在长椅上一番畅聊。

终于等到这一天了，爷爷说的话果然是真的。

没错！功到自然成。

因为这一点点的成绩，我感觉之前所有的付出都是值得的。我终于知道了，其实这款产品本身是有价值的。只是我之前一直没发现，问题出在价格上。

小礼说："这一次，我们终于赌赢了！"

是啊，我们赢了。而且通过这件事我们还学会了一个很重要的道理，这个道理适用于做任何一件事情——半途而废是最大的失败。那些永不言弃，无论遇到什么，都能坚持、坚持再坚持的人，才能成为最后的赢家。只有一直努力的人，才可能获得成功。我们终于明白了，一直以来坚持的信念是对的。

这次的效果自然是非常明显的。这是我们三年来日日都在期盼的，三年的积淀终于迎来了这个巨大的好时机，我们一定不能错过这次时机。

我坚信，从今以后，公司会越来越壮大。

这时，我和小礼商量好，到了该换个办公场地的时候了。我们终于要告别在一居室里办公的日子了。很快，我们就选好了新的办公地址——距离现在的办公室不远的一座杂居大楼，步行15分钟就可以到，我们在里面租了一间15坪（一坪约为3.3平方米，总面积50平方米左右）大小的办公室，租金是每月12万日元。

大楼的外观实在说不上漂亮，不过一楼开了一些很时髦的理发店。

终于如愿以偿地拥有了舒适的办公室，光想想就兴奋得无以复加。那一天我和小礼又忘记了时间，聊了很多对公司的展望。比如未来要做成一个什么样的公司等等，虽然都是些平常说的话题，但那一天又不厌其烦地聊了无数遍。

▽　▽　▽

速战速决，第二天一大早，我们就找到了房地产经纪人准备签协议。但听完负责人的介绍，我大吃一惊，原来这个房子的主人好像就是这座大楼的业主。

既然这样，谈起来就很简单了。我决定先不考虑这个负责人是否有决定权什么的，只要我拿出最大的热情，告诉他我们有多么需要这间办公室，拜托他无论如何也要想办法租给我们。听完我的请求，这位年纪略大的负责人笑着说："真是服了你了！你给我两三天，我去找业主谈谈。相信一定能说服他的。"

事实证明，这位负责人说的是真话。

而且我们根本也没有等到两三天，就在当天下午，他就给我们回复说已经说服了业主。只要我们付了租金，就随时可以入住。

"好的，那麻烦您安排一下，我们一周后正式搬过来。"

很快，我就交了租金。

本来接下来的两周约了很多客户谈业务，但我还是从中挤出时间来搬家。因为这段时间承接的受托开发业务，也已经排到了三个月之后。今后这段时间，一定会越来越忙。

但我还是非常开心。因为这次我们要出售的是自己的产品，而不是仅仅为了赚钱谋生借力于别人的品牌。

努力了这么久，我们终于有机会为了自己的产品和品牌忙碌，而且这些忙碌直接决定了我们的未来。这对想要做出自己品牌的我们来说，是千载难逢的机会。

创业三年来的经验让我真正明白了，要成为一个名副其实的制造商是多么困难。但我想，既然选择了挑战，难一点未尝不好，因为越难越能点燃自身的激情。

于是我更坚定了要努力成为一个真正的制造商的目标。我记得，有一位前辈社长曾跟我说过这样的话："在100家做系统开发的公司中，只有3家能靠销售自己的产品存活。"

"只有3%的比例。"

他还说，而且这3%的公司不可能靠不面向电脑的，而是靠大部分人听都没听过的互联网的 ASP 实现。

怎么可能这么绝对呢？我心想。

所谓"不可能"，还不是自己在内心凭空想象的。这番话不仅没有让我退缩，反而更加激起我的斗志，我暗暗发誓：有朝一日，一定要成为这3% 中的一员。

我就是坚定了要做这件事，不管别人怎么想怎么看。我相信这世上只有坚持、坚持、再坚持的人才会赢得最后的胜利，也只有那些勇往直前的、无路可退的人，才能成为最后的赢家。

▽　▽　▽

发出新闻通告之后，公司的发展就迅速好转。销量之好简直让我不敢相信曾经经历过那么漫长的销售不出去的灰暗阶段。前面已经写过，这三年期间，签约买我们服务的，不超过40家。但发出通告之后仅仅一个月，我们的订单量就翻了一倍。而且呈逐月递增的趋势。

但订单虽然多，也并不直接说明我们的收益有多好。因为降价之后，即使获得一个订单，月销售额也只能增加2000日元。也就是说，就算接了100个订单，月销售额也只有20万日元。要靠这个养活公司，还是路漫漫其修远兮。

即使这样，软件服务对我来说也依然充满魅力。

如果是一家以硬件为主自产自销的公司，如果每一年订单的数量相当，销售额就是一样的。但软件商业就不同了，因为软件不是销售产品，而是提供服务，所以销售额会直接反应出"累计订单数"。

对于前一种公司来说，去年售出100台仪器，而今年只销售出去50台，其销售额也不一定会降低到50%。

但做软件生意，却只有累计更多的订单数，才有可能提高销售额。

而且软件服务一旦开发成功，之后就几乎等同于复制。例如，如果一本书上市以后就畅销了，那么印刷公司的机器转动就几乎和印钞机在转动一样。在这一点上，软件可能比印刷书还要有优势。

我们的服务也是一样的道理。虽然做软件服务也需要支付服务器运转的费用，但这个费用不会超过销售总额的10%，也就是说我们的利润率至少是90%。再加上客户是先付费后使用服务，完全不需要库存，所以只要能销售出去就不用愁没有利润。所以，在我看来，再也没有比这更棒的生意了。

我一定要好好抓住这次机会。既然现在我们已经完成了软件开发的工作，接下来需要做的就只是将它销售出去，销售得越多，赚得也就越多。

我发现，要将利润最大化，就要注重资源的多重利用。只要想尽一切办法把同样一件东西不断销售出去，利润就会出现巨大增长。我冥思苦想，究竟该怎么做呢？这时，我突然灵光一现！

对啊！我们可以参考电影的商业模式！在美国，小雷曾经教过我的。

即使只有一部作品，好莱坞的电影公司也会把影院公映、DVD售卖、付费频道播放，以及私有电视台播出等渠道的时间稍微错开一些。

比如影院公映和DVD售卖就绝对不会同时进行，因为一旦市面上能买到该影片的DVD，去电影院观影的人数就一定减少。简单来说，就是他们会通过有意识地错开一部作品不同形式的提供时间来谋求利益最大化。

这种操作模式，一样也可以用在软件销售上啊！

不过我们要做的不是错开销售时间，而是丰富提供方式。

经过一番思考，我决定把提供方式分为如下三类：

——租赁型

——买断型

——OEM 供给

首先来看看第一种，租赁型。其实这也是我们一直以来的提供形式。购买和使用这款服务所需要的一切都由我们公司提供，客户只需准备能够联网的电脑就可以。

相应地，他们在一定的期限内，按照一定的数量租赁使用我们的服务，这种形式的包月费用是 2000 日元。目标用户是注重控制成本的希望用最低价格使用邮件发送服务的客户。

第二种是零售型。这一种提供方式不同于租赁，按照字面意思，把软件一次性一起卖给客户，即为买断。销售价格是 50 万日元。这种形式对客户来说，方便之处是因为已经买下了，所以不必每个月支付租赁费，使用得越久越划算。

而且一旦把服务买到自己手里，就可以使用自己公司的服务器运用这项服务。也就避免了前面提到的大家都在意的一件事，即把公司内部的客户资料透露给外人。所以这种形式主要适用于那些有发送邮件的需求，同时又不愿意公司客户资料外泄的客户。

最后是 OEM 供给。这一形式跟之前的两种完全不同，主要的目标客户是那些也和我们一样，想做邮件发送服务的公司。价格也是 50 万日元。

在这种形式中，客户可以完全使用自己喜欢的名字给这款服务命名，还可以自由设定价格体系进行再次售卖。而我们负责系统的运用，然后收取运用管理费每月10万日元。简单来说，这样的公司一般都专注于销售。所以对于这一形式，我们的目标是寻找到拥有强大的销售能力，而且拥有稳定客户量的企业。

据我们分析，这样的企业有几点好处。首先，它们有较强的销售能力；其次，有一定的客户基础。所以它们不必和我们一样，用低价战略抢夺市场。而我们要做的，就是成为它们经营的众多产品中的一个。

方案虽然定出来了，但其实我们完全不知道哪里能找到这样的企业。可以说当时我们是第一家这么做的，也是一个不错的创举呢。

事实证明，我设定的这几种提供服务的方式，完美地满足了各种市场需求。

首先，开始零售服务之后，一个月的时间就销售出去了五单。而我们需要做的工作，只是把我们的软件复制到客户的服务器上。所以，仅仅工作了六个小时左右，我们就足足赚到了250万日元。

而之前的受托开发业务，如果想赚到250万日元，至少要忙上三个月。我不禁想，之前做的那些生意，真是完全不值一提啊。

更重要的是，我们这么做对客户也是大有价值的。如果他们想自己开发出我们的这项软件，至少需要六个人花上一个月时间才能完成。也就是说，他们至少需要付出300万日元。而现在只需要50万日元就可以拥有，仅仅只用了六分之一的成本。而且非常方便，只要给我们支付了钱，马上就能投入使用。

另外，还有一些好处，可以按需定制，也可以再次销售。因为一般市面上这种服务，都是禁止客户自己按需定制和再次销售的。

这一点，用电影来思考更容易明白。

比如一个人买了一张 DVD，然后把它非法复刻，就会被起诉，一不小心还可能会被逮住。所以按照这样的价值观，让客户随便复刻并且还能再次销售，这种事情想想就知道毫无可能。

但是如果购买我们的服务，这些都是被允许的。为什么呢？因为反正只靠我们自己也没办法抢占所有市场。

所以能卖出去的时候，我就会尽量多卖，然后把拿到手里的钱，再用于开发新的产品。比起这个，我更关心如何才能卖得出去。

在这个世界上，能卖得出去的，不一定就是好东西，只有存留得最久的才是好东西。所以，真正的好东西都具有持久的生命力，而我们想做的，正是这样的产品。

▽　▽　▽

很快，我们的资金运转情况就迎来了意想不到的好转。和之前的受托开发业务不同，现在只要接到了订单，回收销售额的速度就很快。

因为购买我们的服务是需要提前付费的。而且我们销售的时候，只需要把已经开发好的技术复制一下就可以，也不需要服务器。所以，利润率高达 100%。与此同时，受托开发的业务也络绎不绝地找上门来，我有预感，公司规模很快就要扩大了。

公司账簿上，债务股本互换存下来的没给董事付清的报酬已经超过了 700 万日元。现在状况良好，资金也到位了，终于到了成立株式会社的时候了！

公司名字就用我在创业的第一天就想好的"blayn 株式会社"。这个名字的寓意是"把握当下，即唯一的生存之道。"

有些人可能觉得，公司名不就是一个符号吗？但对我来说，这绝对不仅是一个符号。"blayn"不仅仅是一个符号，它甚至是我的生命，是我们存在和努力过的证明。所以，公司的名字中一定要包含我和小礼共同认可的价值观，"blayn"就是这样得来的。

2003 年 9 月 9 日，blayn 株式会社正式注册了。这一天也是我最敬佩的一位商人——爷爷的生日。

爷爷是个天生的生意人，从小他就给我讲过很多商业的乐趣和魅力。潜移默化之下，小小的我内心也开始喜欢上商业，暗暗憧憬着自己长大了能做一个真正的商人。也许年轻的时候，我之所以那么坚定地想要创业也是受益于此。

说远了，现在我们言归正传。

从那以后，公司的员工也一点一点地多了起来，其中有一个叫冈本贵史的，是我大学时代的同学。

大学毕业之后，我这位同学回到了老家岩手，在一家大型杂货连锁店工作。当时，因为那家公司准备上市，开新店的速度非常的快。他被安排在了社长办公室，一手掌管这些店铺，不舍昼夜地工作了一段时间之后，因为身体吃不消就辞职了。

偶然的一次机会，当他听说我们公司的状况之后，立即提出要来东京帮我。我当然很高兴，而且很希望他来得越快越好。

没想到他马上就说："好，那我明天就去！"果然，第二天我看到他只带了一个小小的皮包就来找我了。

另外一人，是我在招聘网站上招来的，也是我创业以来招到的第一个日本人工程师，叫田中省吾。

田中是大阪人，以前在大阪一家互联网公司上班。正好那家公司最近也搬来了东京，于是他自己也考虑换一份工作。他性格很好，年龄也是 26 岁，而且还有一定的工作经验。所以面试完，我当即就决定录用他来公司上班。

我想起为广先生曾经说过的话："你现在开始要创建的这家公司，其实是一个前途未卜的、随时都有可能沉没的破船。所以如果有人愿意把时光花在这个公司上与你共进退，就是值得感恩的。"果然，他的话是对的。

在这些员工中，冈本和田中两人给了我很大的帮助。尽管当时每周只能休息一天，而且又没有保险，也没有带薪休假，薪水还不高，但他们一直毫无怨言，从早到晚都十分尽心尽力地在工作。

这两个人一直陪伴我走过了 blayn 艰难的创业期，是我非常重要的恩人。现在田中依然在 blayn 工作，而冈本在公司做了八年之后，决定自己创业，现在也是一位优秀的经营者。我想如果没有遇见他们，也不会有如今 blayn。就算不再是事业上的伙伴，也有着值得珍惜一生的缘分。

[Part Six]
買収

第六章　　收购

上一章我提到，我设定的这几种服务提供形式，大大地满足了市场需求，所以找我们咨询的客户不断增多。据说在一段时间内，还成为了行内的一个话题。就在我听到这些传言的时候，当时日本最大的互联网公司Y公司刚好找到我咨询业务。

Y公司的办公地点在红极一时的六本木大厦。去拜访那天我心脏扑通扑通地跳个不停，心里暗喜，没想到有一天我也有机会和这样的龙头企业谈业务。

和Y公司的相关负责人见面之后，我们快速交换了名片，然后简单寒暄了几句。刚一坐下，对方负责人就率先开口说道："请问，你们有打算卖出公司吗？"

明明是来谈业务的，怎么突然说起了卖公司，这到底是怎么回事？

很明显，当时我的脸上写着大大的"不明所以"四个字。

"我说的是收购公司。"对方完全无视我的反应，继续说了下去。大意就是，现在Y公司也想开始做邮件发送服务，但无奈公司发展过快，公司内部出现了人员不足的问题，而且要想找到专攻邮件方向的技术人才实在太难。

2004年，当时日本的互联网市场迎来了一个快速发展的时期，所以最稀缺的就是工程师，快速发展的行业需求导致了前所未有的人才缺口。

而做互联网产品拼的就是速度。所以如果自己做不到，就想办法收购有相关方面实力的公司。这对于资金实力雄厚的Y公司来说，当然是最好的选择。

所以他们提出收购的建议，至少证明那时候我们公司无论是规模还是服务内容，都是最值得收购的。

其实，听到这里，我的内心已经怒不可遏。

这是在玩儿我吗？什么情况，突然叫我来，以为是谈业务，结果一上来什么都不说就直接问我想不想卖公司。

虽然我们公司小，但好歹也是我们一点一点努力做起来的，士可杀不可辱。

所以我差点就要扔下一句"开什么玩笑！"拂袖而去，但这时，我身体内有另外一个自己悄悄告诉我："一定要冷静，冷静！"

也对，换一个角度的话，这其实也是我的一次机会。不过，你别误会，我自然是不会卖公司的。

但我可以借着这次机会了解一下收购需要经过哪些交涉和环节，以及我们的公司目前到底能估值多少。对，我只是纯粹地想了解这些信息。

于是，我压抑住满腔的怒火，微笑说道："抱歉，这件事情实在是太突然了，我没办法马上回答您。可以给我一段时间考虑一下吗？"

Y公司的这位负责人笑着说："好的，可以理解，请务必好好商量一下。"

"那么请问，收购需要准备些什么呢？"

"啊，这个啊。您能准备一下三期的财务报表，业务开发说明书和公司简介吗？"

"我知道了。"

"这周内能准备好吗？"

"好，没问题。"

"可能的话，我想在今年内处理好这件事情。"

这句话又惹怒了我，"处理"？这是什么意思！

但看在这是一次难得的学习机会，并且我也学到了很多东西的面子上，我在这里中断了话题，然后按捺住满腹怒火说："好的，我一定尽快准备好资料联系您。"

▽　　▽　　▽

在我看来，这完全是一种非常过分的侮辱。

好像在他们看来，只要一说到是 Y 公司，谁都会贴上去点头哈腰阿谀奉承，要是有人不这么做，一定是不识好歹。

回到公司，晚上，我、小礼、冈本三人一起去了常常去的那个公园。我把我今天在 Y 公司遇到的事情告诉了他们，当然我没有说到被看低和被惹怒的事情，因为我知道，就算把这些东西告诉他们也无济于事。我只告诉了他们一件事，那就是 Y 公司有意收购我们公司。

他们听完，也十分惊讶。

"什么？想收购我们公司？"

"多少钱啊？"

"这个暂时还没有谈到。应该是必须给出财务报表才能进行估值。"

"那，您打算怎么做？"

"我还没决定。想问问你们的意见。"

"天毛先生决定了就可以。我们听您的，怎么都行。"

虽然他们嘴上这么说，但我能感觉到，两人的口气中都透着隐隐的失落，我只是假装没有发现。很快，我准备好了Y公司要求我们提供的资料，又跟他们联系了一次。

第二次见面，还是在六本木大厦。这一次见面跟上次很不一样，对方负责人没有上一次那么轻浮，而我也意外地冷静了许多。

财务报表我只准备了一期。因为我们才刚刚创办株式会社一年零六个月，真要拿也只能拿出这么一份。

虽然没有带另外两份财务报表，但我带了一份被称为"余额试算表"的第二期收支报表代替，还有公司简介和系统开发的设计书。

"等我们估值好了再联系您。"负责人用商务的口气说道。那一天的会面很短暂，仅仅十分钟就结束了。

一个星期后，Y公司给我手机打来了电话，说估值结果出来了，希望我能去公司面谈一下。所以第三次见面的时候，Y公司的财务负责人也在场。

这位财务负责人跟最初和我谈的那位负责人很不一样，非常注重礼节。在和我交谈的时候，他非常谨慎地选择词语，最大限度地照顾我的心情。他最能理解的，就是我创业以来的种种不易和辛苦。

那一天的会面中，他一次也没有用到"收购"这个关键字眼。他反复强调的，都是希望我能帮助Y公司一起发展壮大，希望能和我成为伙伴。他说互联网有无限的可能，而他们的公司机会多多。而且这里没有论资排辈的现象，公司内部活跃着很多互相切磋共同成长的年轻人。只要我们有能力，机会要多少有多少，还可以在将来加入本部一起工作。

他的每一句话都充满了热情与真诚，我之前一直担心"不要再说收购这样的看不起人的话啦！"但现在心情完全不一样了。

虽然只是短短的一番交谈，但我感觉到他是一个非常优秀的人。我很感动，原来在 Y 公司还有这么棒的人啊。坦白说，我内心甚至在想，如果能和这样的人一起工作，自己一定能成长很多很多吧。

一直以来我对于工作的观念是，比起做什么，什么人来做才最重要。

人生只有一次，时光永远不会等我们。虽然钱也十分重要，但我不想只为了赚钱而工作。

以金钱和条件为前提建立起来的关系，一旦遇到利益上的分歧，关系就很容易破灭，这样的关系本质上是不可靠的，到底有什么存在的价值呢？

真正志同道合的人，就算没钱也会真诚相交。无论是在公司内部还是外部，我都是这个观点。

▽　　▽　　▽

这时候，收购的条件出来了。

——价格是 1.5 亿日元

——年收入 1500 万日元

——除了年收入之外，做得好的还有业绩工资

——过渡期是两年

所谓"过渡期",就是被收购之后,我必须继续在公司待两年,两年到期之后,就可以自由了。

到期之后,我可以选择继续待在公司,也可以选择离开,另谋出路。只有一点,因为有竞业协议,所以不能去同行业公司就职,也不能自己创业。就算退休之后,也不能做邮件发送的业务。这些都是明明白白写在收购合同里的。

现在,我们的年度销售额是 5000 万日元,法人化刚刚一年零六个月,完全没有收益,基本上是财政赤字状态。

我们所提供的邮件发送服务,也不需要什么特殊的技术。只要是稍微懂一点技术的工程师花上半年左右的时间,也可以开发出差不多同等水平的系统。

对于实力雄厚的 Y 公司来说,还可以使用性能比我们高十倍的服务器来搭建系统。

他们清楚地跟我说了这些。

"我们需要的不是技术。"

所以如果一定要下定义的话,这次不属于收购我们的产品,而是为了人才调配而作的收购。

虽然当时降了价,但我们的合约数总共只有 200 家公司。而且在过去整整三年期间,产品几乎是卖不出去的啊。

这么点客户,对于 Y 公司来说应该没有任何吸引力吧。

不过,有这样的公司愿意来收购我们,也从另一个角度证明了我们的价值。

1.5 亿日元再加上两年的收入 3000 万日元,相当于给我们投资 1.8 亿日元。

原来我们的价值是 1.8 亿日元啊……

要说我内心一点都不激动,那肯定是假的。

想起三年前,我还在大阪做着一份月薪 20 万日元的工作。后来自己创业,虽然每天没日没夜地工作,一个月也只能赚到区区 15 万日元。

可就在不久后的某一天,我们的市值竟然一下子翻了一千多倍。

那一年,我 29 岁。

Y 公司给我们的收购价格是 1.5 亿日元。简单算起来,这三年期间的平均年收入有 5000 万日元。而且未来两年也至少有 1500 万日元的年收入。

过了锁定期限的两年,就算离开公司,也才 31 岁,还很年轻。在这样的年龄,想要东山再起,肯定也不是什么难事儿。

而且在 Y 公司还有很多年轻的优秀人才。如果能在这里积累经验和人脉,一定会前景无限。还有一点是和三年前我刚开始创业时的情况完全不一样的。如果我卖了现在这家公司,拿到这一笔钱,两年之后再出来创业,就再也不需要从 30 万日元这么点资金重新开始了。

一个工薪阶层的一生,平均能拿到的工资是两亿日元。所以很明显,如果只看对方提出的收购条件,这个方案对我来说简直是无可挑剔的。

我心动极了——到底是应该卖了公司呢？还是该拒绝对方呢？

从得失上考虑，我完全没理由拒绝。可以说，只有白痴才会拒绝，因为说到底，即使我坚持自己来经营公司，未来也是毫无保障的。

虽说好不容易抓住了成长的机会，但离稳定发展还相去甚远，说不定哪天就倒闭了。还有生病等发生各种意外的可能。

如果真到了这样的地步，无论是公司员工还是家人，都会陷入走投无路的困境。要说坚持自己经营的风险，那简直是不胜枚举。

我找了一些身边的经营者商量，他们都异口同声地告诉我："很好啊，先变现再说。"

如果手上有了钱，未来想做什么都可以。更何况现在要收购你的，是Y公司啊！如果你把公司卖给他们，作为创业者也会身价倍增的。

下一次创业想要做什么项目，融资也会变得容易很多。在Y公司这样的企业，做出实际成绩是很容易的，更何况还能积累人脉和经验。

所以这不仅不是坏事，而且是很大的成功啊。

每个人都对我说："换做是我，肯定二话不说就卖了。"

的确，这些人说的都没错，从得失上来看，当然是这样的。

"卖了其实也是没问题的……"我暗想。

渐渐地，我的心开始有点倾向于这个选择了，但是我的内心隐隐感觉有什么很重要的东西还是放不下。

但我说不上来那具体是什么。只觉得哪儿不对劲，所以怎么也做不到对这些建议举双手赞成。

——到底是该卖了公司呢？

——还是该拒绝？

正当我犹豫不决的时候，接到了母亲的电话，母亲说奶奶身体不太好了，已经紧急住院，让我做好心理准备随时回家。

我脑袋一片空白，第一时间赶回了家。但我其实不太敢直接去医院，因为我担心如果看到我专程从东京赶回来，奶奶就会知道自己快要不久于人世了，作为晚辈，我不想让她老人家再增加不必要的担忧。

我决定，找个借口，就说这次是回来大阪出差的，因为有一点时间，就顺便去医院看看她。

"啊，你来玩了啊！"

到了医院，我装作没事人的样子，走进了奶奶的病房。奶奶满面笑容地迎接了我。看到奶奶比我想象的要有精神，我这才放心了一点。总之我是不能让奶奶知道她自己的身体状况的。

我们聊着一些无关紧要的闲话，但是我的心也许根本不在这些内容上。

"怎么了，看你状态不太好。"

没想到，我心不在焉的状态，反而让老人为我担心了。奶奶关切地问我，要是有什么事情，说给我听听看。

本来我是不打算把公司可能被收购的事情告诉她的，但为了不让她起疑心，我还是说了。

如果故意躲闪的话，可能会让奶奶发现自己的病情已经很糟糕了。所以无奈之下，我只好把公司的事情告诉了她。

"其实我是在想，要不要把公司卖了……"

刚开始奶奶一脸茫然，好像完全没明白我的意思。对此我完全能理解，毕竟我每次跟她见面，说的都是自己正在拼命做好自己的公司。

话说到这里，我只好把情况一五一十地跟奶奶说了。从公司现在的情况，到三年之间自己开发的服务都没怎么卖出去的事情，还有产品降价的事情，当然还有最近一家大公司提出了想收购我的公司的事情，我还把周围人的建议跟奶奶讲了一遍。

奶奶一直目不转睛地看着我，耐心地听我说完。听完后，她说："我要说的只有一点。小伸，人生在世，本来就是有得有失的。"

"……"

"最重要的一点，就是不忘初心啊。"

初心？

这是我第一次听到这个词，于是我问奶奶，初心是什么意思。

她回答我说："你第一天决定创业的时候想的是什么，就是你的初心。"

奶奶继续和蔼地对我说道："商场就是这样，每一天都风起云涌。很多时候，都可能不知道往左走还是往右走。一旦有了公司，每一个决定都不仅仅是自己一个人的事情，公司发展得越好，所背负的责任就越大。其实，人的一生之中，往往越迷茫的时候，越应该坚守自己的初心。"

过了一会儿，奶奶又补充道："其实我能说的也就这么多了。接下来，就看小伸自己怎么抉择啦。"

听老人一席话，我仿佛有一种醍醐灌顶的感觉。

那么，我开始创业的那一份初心，到底是什么呢？

从没有人问过我，创业那一天，初心到底为何。

对了，我想起来了，是独立不羁啊！

无论过程多么艰难，要经历多少弯路，我都希望自己一步一步坚实地走下去。不依靠任何人，不依赖任何事物。

原来，我的初心是很久以前就已经想好了的——无论资金多么匮乏，都绝不动摇，按照自己想走的路，绝不回头。

"你啊，不就是嘴上说说而已嘛！"我听到另外一个自己轻声嘀咕着。

这时我内心深处涌出一阵无以名状的愤怒。是对谁的愤怒呢？其实就是对自己。

我这才想起，明明早就跟自己发过誓的啊，无论如何都不想变成任何人的手下。无论给我多少钱，我都坚决不会妥协。

想到这里，我的心情明朗多了。两个星期以来的烦恼，瞬间烟消云散。

"果然是不能把公司卖掉！因为我根本就不想卖啊。"我不自觉地说出了这句话。

奶奶听了，只是眯缝着眼睛，点着头回答："嗯嗯，就是啊！"

那天之后，奶奶的病情恶化，83岁的生命走到了尽头。没想到，这竟然是我与她最后的对话。

▽　　▽　　▽

送走奶奶之后，我悲伤地回到了东京。

我又接到了Y公司负责人打来的电话，再一次来到他们位于六本木的办公室。这是我第四次去见他们了。到了那里，我开门见山地说：

"非常抱歉，今天我们就不要再聊收购的事情了。"

也许是因为对方从未想过自己会被我拒绝，所以气氛一下子尴尬起来，他们完全不理解我为什么会突然这么说。于是直接问我说："莫非已经有其他公司提出了比我们更好的收购条件？"

说什么有的没的呢？

我心里忍不住想：我根本就不是在衡量得失和讨价还价。本来，收购这件事情最开始就是你们莫名其妙提出来的。

但我没有直接说出口，只回了一句："不是钱的事情。"

"所以，那是？"

"简单来说，就是因为我不想违背自己的内心，我一定要做自己想做的事情。"

听到这个答案，他们依然不甘心，继续对我说："锁定期限只有两年。如果你全身心投入工作的话，时间会过得很快的。而且我们是Y公司啊！在这里能学到的东西和积累的经验，是在别的地方根本学不到的。"

听完，我也坦诚地对他们说了心里话："虽然只是两年，但是为Y公司工作两年和自己'独立不羁'地奋斗两年，意义是完全不同的。"

虽然话说得很漂亮，但我内心其实对自己并没有百分之百的信心。

在创业之前，我以为一个公司要做大是轻而易举的事情。但现实是怎样的呢？现实就是在过去三年间，我一天也没有休息，每一天都拼了命地工作工作工作，即使这样也才够勉勉强强支持公司活下来。我不是没有怀疑过，也许我根本就没有作为一个创业者的资质和能力啊。

但即使如此，我还是找到并抓住了成长的机会啊。

正想着这些的时候，知名企业Y公司向我提出了收购的事情。

如果我进了Y公司这样的大企业，以后就会变成"Y公司的天毛"。Y公司的名号和威力当然是非常大的。虽然只是短短的两年时间，但我自己的存在感一定会被大大地削弱。而这个，是我最害怕的。

因为归根结底，我从开始创业那天起，就不是为了钱在奋斗。

而是源于我在思考人生的时候，终于找到了自己想要怎么生活下去的答案——不依靠任何人，不依赖于任何外物，按照自己的心意活出属于自己的人生。

而且，我还和远在美国的小雷有过约定。

当我亲眼目睹小雷因为把自己真正喜欢的事情的希望，寄托在别人手中的金钱上，最后失去了一切。那时候我就明白了——如果是自己真正喜欢的事情，千万不能依靠别人的钱去做。

对一个人来说，最重要的就是"自力"，其次才是"他力"。这种想法，一直在我内心强烈地存在着。

也有人劝我，何苦非要拘泥于这么死板的形式呢？稍微灵活变通一下不是更好吗？但是，我没有办法像这些给我建议的人一样精明地活着。

对于我来说，也许正是因为笃定地选择了这一条路，所以才遇到了那么多一路帮助我成长的人和事，一点一点走到了现在。

▽　　▽　　▽

那天，跟 Y 公司的人告别的时候，那位财务负责人这么对我说："很久没有遇见这么舒服的交流了。果然，男人就应该这样啊。希望有机会一起共事吧！"

后来再想起，对于拒绝收购这件事，我是毫无遗憾的。唯一可惜的，就是失去了和这样一个优秀的男人一起工作的机会。还是那句话，无论是人生还是工作，最重要的都不是做什么，而是跟谁一起做。很有可能因为遇到了一个人，人生就会发生巨大改变。

当然，事已至此，多说也没有用，毕竟一切都是自己所做的选择。我想，无论是自己和公司都要努力成长，希望有一天能和他一起共事。

对了，还有一点，其实当我第一次去 Y 公司的时候，就被六本木大厦的恢弘气势震撼了。这里还有一个象征性的建筑——新城森塔，54 层，里面聚集着一大批大有前景的企业，整座大厦散发着令人眼花缭乱的光芒——至少，当时的我是那么想的。

再反观我们，情况又如何呢？

挤在一栋杂居楼中区区 15 坪的房间里，每个月房租 12 万日元。公司上下一共只有五个人，年度营业额只有区区5000万日元，这点钱连他们每月办公室的租金都不够。

对于我们这样一个小公司来说，到底怎么做才能把公司开到那样的地方呢？想想都觉得是白日做梦。

我当然是很想在这样的办公区工作的，它是那么耀眼，迷人得几乎让人晕眩。只是，如果以把公司卖给别人为代价搬进去的话，就另当别论了。

我还是坚信，只有靠自力更生得来的，才有价值。

无论需要花费多少时间，无论要走多少的弯路，我都希望依靠自己团队的实力，把公司发展到足够壮大。我深信，这一天一定会到来的。这是我的誓言。

回公司的途中，不知为何，我的心情变得格外愉快，感觉到了久违的神清气爽。我从来没有想过，失去了那么一大笔资金，我竟然一丝后悔都没有。

这个公司可以说就是我的整个青春，是我存在的最大证明，所以是多少金钱都换不来的。对啊，我不可能把自己的青春卖掉。所以，说到底这根本就不是得失的事情。我仿佛有一种感觉，自己的内心有一个巨大的壳，终于被打破了。对了，这时候我的妻子还在家里焦急地等待着呢。

回到家，当我说出"已经正式拒绝掉了"这句话的时候，她原本不安的表情一下子舒展开来。其实，在这之前我也和她商量过是否应该把公司卖掉。不过，可能因为她感觉到了那时的我内心比较倾向于卖掉，所以考虑到我的心情，妻子只说了一句："我觉得可能不会卖掉……"

果然，妻子说的是对的。

要说卖掉的理由，除了钱就再也没有别的了。无论列出多少看似与之并列的理由，内心的声音都只有一个字——钱。无论对别人怎么伪装，总归是骗不了自己的。

妻子内心很明白，一旦我把公司卖给了 Y 公司，从现在开始到锁定的两年期限结束的那一天，我都会失魂落魄地活着。而且一旦去公司上班，每天肯定都会毫无紧迫感，无所事事，这样就完全失去了生命的价值。

"我不想看到你变成那样。"

"这些都是金钱换不来的。"

看到我做了决定，她终于明确地说出了自己的心里话。这一番话，给了我莫大的勇气和鼓舞。我明白，妻子说的这些话和奶奶当时告诉我的"勿忘初心"其实是一样的。

▽　　▽　　▽

然后，我回到办公室把这个决定告诉了小礼和冈本。平时都是沉着冷静的两位，这一刻竟然大喜过望，恨不得大声喊出来——

"我们就知道，你一定不会卖掉公司的。"

"我们一起努力做吧，这样才是真正的 blayn 啊！"

以前，我一直在想，不依赖任何人，不从属于任何人。但我现在才发现，其实我一直是在很多人的支持下才走到现在的。

有一些东西是比金钱重要的。这也是我第一次真真切切地体会到这些东西都是什么——那就是身边这些人一直以来对我坚定不移的相信和自己对自己的相信。

如果要我放弃对自己的相信，转而依赖他人，还要时时计较利害得失，然后再因为各种计较得失而束缚自己，这样的人生绝对不是我想要的。

每个人都一样，要在长时间内坚持做好一件事情，言语和行为都必须保持始终如一。希望某一天，当我回望自己的人生轨迹，发现那是一条笔直的线路。也希望，我能按照自己想要的方式继续生活下去。

为什么呢？

为了一直相信自己。

虽然从某种程度上来说，要一直坚持这个道路，肯定得付出相应的代价。但我深深地相信，在这个世界上很多东西都是金钱无法买到的，这些东西也无法以单位计量。相信，就是其中一种。对谁的相信呢？不是别人，正是对自己的相信。

就算接下来我失去一切，一贫如洗，也绝不后悔。至少我会一直忠诚于自己的内心。

所以，抛开所有，剩下的就只有这一个事实了。就算没有一个人理解自己，我自己也心中有数。我不想因为别人的什么说法就动摇自己。我自己，要比任何人都更对自己有信心。只有这样，才是真正有价值的。

事实上，这一段经历教会了我很多东西，这些东西的价值远远超出因为没有卖掉公司而损失的钱。

[Part Seven]

十年後

第七章　　十年后

[2015 年 4 月]

距离当时 Y 公司说要收购我们,已经过去了整整十年。当然,在这十年间,我还接到了无数次的收购提案,而且每一次提案的价格,都要远远地高于第一次的价格。

面对这些高额资产的诱惑,心动在所难免,我也未能例外。不仅如此,这十年间,我还拿到过很多非常有诱惑力的 offer。但不可思议的是,面对这些难以抗拒的诱惑,我竟然都一一拒绝了,而这份对于初心的坚持成为我迄今为止最大的执着。

如今,我终于可以自信地说:"钱固然很重要,但绝对不是第一位的。"

无论是过去还是将来,我都会一直坚持自己的初心——独立不羁。这几乎成了我脑海里坚不可摧的信念,因为它就是我每一天生活下去的方式。

蓦然回首,这些都发生在我茫然无知的二十几岁。总之,这样的年纪正是意气风发、我行我素的时候,自我感觉良好,一点变通都学不会。有实力还好说,明明没什么实力,所以总是说些不着边际的大话。

二十多岁的年纪,总之就是想要证明自己。

二十几岁是一个寻觅的阶段,你要做的就是寻觅到一件自己感兴趣并愿意为之终生付出的事情——这件事情,你热爱,还可以向身边人炫耀。

从某种意义上来说,在我们的一生中,二十几岁是最苦的时候。这个时候我们一无所有,终日惶恐不安,担心自己的人生会不会就这样一事无成下去了。理想虽然高远,现实却残酷得不给我们任何结果。

现在，作为过来人，我终于可以很有底气地这么说——二十几岁的时候，不要急于求成，要的就是一个慢慢寻觅的过程，就算暂时没有结果也没关系。

寻觅到适合的目标，永葆热情，并为之终生奋斗，这就足够了。只有内心目标坚定并充满希望，人生才会充满意义。

好高骛远只会阻挡我们脚踏实地的坚持。当我们离理想还有一段距离的时候，只需要静下心来把眼前的小事一件一件都做到最好，做到极致，就会积水成渊，积土成山。而这些点滴积累也会不断转换成为我们内心的自信。

人生这件事，向来没有什么捷径，无论要去到什么样的地方，都只有这么一个办法。

人脉什么的，不需要刻意积累。在我看来，只要能好好珍惜上司、同事、前辈、朋友、恋人、家人等这些离我们最近的人，就足够了。

因为人脉这种东西，一旦离得远了就完全靠不住，只有在身边的才是真正属于自己的。如果连自己身边人都不能好好珍惜，还谈什么人脉不人脉的呢！

就算没有人理解自己，也没有人和自己站在同一战线，那又有什么关系？不是说有了机会，才开始做事情，也不是遇见了谁，才要开始做什么事情，就算没有经验，又没有钱，也应该尽最大努力先做好自己。

因为在这个世界上，自己是我们每个人最重要的一个角色。只有先做好自己，才有机会遇到和自己志同道合的人。而且只要知道了自己想去哪里，就一定会遇到来帮助自己的人。如果天天什么都不做，只靠脑子空想，是绝对不行的。总之，比起动脑，我们更应该学会用心思考。

首先，我们要做的，就是先踏出小小的第一步，接下来，且行且思考。不是先思考后行动，而是为了思考，不断行动。

这不是什么道理。

在现在的鹿儿岛县被称为萨摩的这一地方，有这样一句话："萨摩教你如何识别男人。"

一、挑战某件事情的成功者

二、挑战某件事情的失败者

三、自己虽然没有直接挑战，但帮助别人完成挑战的人

四、什么都没做的人

五、不仅什么都不做，还只知道批判他人的人。

也就是说，自己不直接去挑战也可以，只要找到一个挑战的人，陪着他一起挑战，帮助他支持他即可。这也算是挑战的一种，如果遇到这样的机会，一定不要犹疑，直接去做。

如果没有遇到这样的机会，自己一个人挑战一件事也可以。人生只有一次，不会重来，属于我们每个人的时间都是有限的，所以，最好的人生就是努力燃烧自己，努力去拼搏的人生。

▽　　▽　　▽

最后，我想就现状写一点感想。

从 2001 年创业至今，已经过去整整 14 年了（本书作于 2015

年）。两年前，也就是2013年10月，我终于站在了创业初期就画下的起跑线上——成了一名真正的制造商。我们终于从一家软件公司，成长为一家能够挑战真正的造物的制造企业。

三年前，我们开始研发自己的产品。那时我们对制造业的知识一点都不了解，而且公司内部也没有人有这方面的经验。和刚开始创业的时候一样，既没有知识，也没有经验，甚至也没有人脉，我们再一次选择了从零开始。

产品的开发从一开始就困难重重。但那也是正常的，因为我们本来就是在一窍不通的情况下开始硬件开发的。开始研发产品之后，公司的钱很快就挥霍出去了。周围的创业者们几乎人人都劝我放弃，说制造业很难做，风险特别高，而且赚不到什么钱。

初期投入就需要数亿元，还没有外部融资。花的全部都是自己辛辛苦苦赚来的血汗钱，在一般人看来，既没知识又没经验的我，敢来做这件事，简直就是疯了。

但我不这么想，对我来说，做事情的出发点，赚钱与否并不是第一位的。这是我开始创业那天就和自己约定好的。

我的目标是建立一个不仅在国内，而且在海外也有一席之地的制造商，我想创建的是世界级别的知名品牌。这个目标和"独立不羁"的精神一样，也是我创业的初心之一。

刚开始做的时候，完全没有人认同我的初心。但我发现，只要按照自己的想法努力去做，一路上自然能遇到很多与我同路的人。

这改变了我对事物的看法。

我发现，任何一项事业，往往都是因为一个人的疯狂而开始的。只要真正狂热地想达成某个目标，路上就一定会出现很多和自己志同道合的同伴。这些遇见，看上去都是那么自然而然，究其原因，我也不甚明了，但那也许就是物以类聚，人以群分吧。

等我反应过来的时候，跟项目相关的人，竟然达到了数十人。在创业过程中，我们一路攻克了大大小小的各种困难，终于做出了梦寐以求的产品。

▽　　▽　　▽

故事还远远没有结束。我们不仅做出了梦寐以求的产品，还荣获了世界上最权威的设计奖之一——红点奖[1]。

我们既没有经验，也没有专业背景，竟然在第一次挑战制造业的时候，就能够得到世界上最高级别的设计奖，这件事情想来就很不可思议。

如今，创业14年了，虽然走了很多弯路，但我终于开始有能力、有底气、有态度地站在制造者的起跑线上。

跟最开始的时候相比，我有了一个最大的、决定性的区别——现在，我早已不是一个人。在我的身边，有很多跟我相知相惜的伙伴。对我来说，这是最最重要的财富。

回首往昔，我发现我自己的人生一向都是如此，比实力更重要的，是思考的角度。

现在我经营着的 blayn 公司也是一样，最开始一共只有 30 万

---

[1] Red Dot Award，源自德国，国际知名创意设计大奖。

日元，而且既没有经验，也没有一个客户，甚至连员工都没有。而我自身，也几乎完全不具备一个创业者所需要的资质。在一般人看来，这样一家公司能够生存下来，简直就是奇迹。

那么，我到底是靠着什么东西，撑过了整整14年的光阴呢？

理由只有一个——热情。

就算有人觉得这个答案过于唯心主义，希望我能给出更理论化的说明，我也只能低头微笑，最后脱口而出的还是这唯一一个答案——热情。

说什么没有实力、缺乏经验，也没什么人脉，这不过都是些借口。这样的不能做的理由，就算列出一百个，现实也不会发生任何改变。既然这样，莫不如列出一个能做的理由。

总而言之，唯有行动。

一个方法不行，就用第二个方法，第二个也不行，那就再找第三个方法。总之，无论如何也不要放弃，能想多少办法就想多少办法。渐渐地你会发现，在这个过程中，你已经积累了很多属于自己的经验，自信也就渐渐开始充盈全身。

不是思考了再去行动，而是为了思考而不断行动。

首先，就是要踏出小小的第一步，接下来才是思考，然后是继续前进。找到自己的节奏后，自然就知道怎么边行动边思考了。

做到能做为止，直到做出成绩。

这是成功的不二法则。

人生就是这么回事，我们不是只做能做的事，更应该做想做的事。只要拥有热情，就一定能走出属于自己的一条路。

二十几岁的时候，正值青春期。青春是毫无道理可讲的，这个阶段说到底就是给人生做投资的。这个时候的我们精力充沛，能给自己投资多少呢？

毫不夸张地说，我们之后的人生会如何，很大程度上取决于这10年是怎么度过的。换句话说，取决于二十几岁的时候我们养成了多少好的习惯。因为一旦到了四五十岁，再想去改变自己多年的习惯，是很难的事情。

每个人都在说希望自己的工作和生活都更加充实，但如果根本没有什么实力，还想让生活和工作同时变得充实，是不可能实现的。人类的特点之一，就是只能专注于一件事情，并持之以恒地坚持。

当身边的朋友都在玩的时候，就是难得的机会。我自己也是如此。上班的时候，以及创业之后都是如此。每一个阶段，我都在拼命工作。周围人都会说，就那么点工资，你这么拼干吗？

"你是不是傻？"这是我常常听到的说法。

可我想问，难道我们是因为拿工资才工作的？难道是因为报酬丰厚才工作的？

不，我要做比工资更多的事情，我要贡献超出自己能力几倍的能量。我一直坚信，只有付出数倍的努力，才会得到自己想要的结果。

如果和别人做一样的事情，就活不出自己独一无二的人生。说到底，人跟人的能力，往往都差不多。有差别的话，也最多是数倍的差距而已。但付出的努力，则可能是几十倍、几百倍的差别。

成功没有捷径。

如果这个世界上真的有"才能"这种东西,那么一定是大量的努力和超强的行动力加在一起的结果。是否能坚持自己,沉迷其中,不断投入这两样东西——我想,这就是所谓的差别。

我们工作,不为任何人,也不为工资,就是为了自己。我们之所以努力,是为了三年后、五年后,这些努力能开出美丽的花朵,而在那之后等着我们的,一定是结果。当然,我们也不必着急,因为成功总是姗姗来迟的。

人生,永远没有太晚。一旦想做,就开始了。在这过程中,我们不用在意他人如何评说,因为只要我们做出成绩来,别人的看法一定会马上发生改变,而且那种改变常常只在朝夕之间。

这样想来,无论别人怎么看怎么说,自己只要坚定地走在自己想走的路上就可以了。自己想走什么路,完全掌握在自己手中。

今年已经 95 岁高龄的爷爷告诉我:"所谓不可能,都是自己在心中设的限、是幻想出来的,要想成功,就一定不要被这些幻想迷惑。真正的幸福,就是按照自己的想法坚定地走下去。"

后记

最近三个月以来,一有时间我就埋头写书。首先,我要真诚地感谢找到我写这本书的朋友,永松茂久。如果没有他的鼓励,一定不会有今天大家看到的这本书。

写书这件事,绝对不是我所擅长的。而且严格说起来,这一定是我最不擅长的。但是我知道,文字呈现的是人的思想,人如其文。

只有我亲自写,有一些温度才能得以传递。

永松强烈建议我:"你一定要亲自写完整本书。"

虽说如此,当我刚开始第一次写作的时候,还是没办法把想的东西好好地写下来。因为想要表达的东西特别特别多,根本没办法找到合适的语言表达出来。

所以一直都是写了又擦,擦了又写,反反复复了很多遍。写到中间,有几次差点就想干脆放弃算了。但当我冷静下来,还是继续写了下去,不可思议的是,不知不觉中我竟然爱上了写作的感觉。

每一天写啊写啊,完全达到了废寝忘食的地步。我渐渐沉迷在了这样的状态中,看到如今已经四十多岁的自己和二十多岁的自己对话，那种感觉幸福极了。

这本书里写的，正是我从二十多岁到三十多岁这十年间的人生轨迹。如果再有机会，未来我也想写写三十多岁到四十多岁的这十年。

三十多岁。

我失去了生命中独一无二的重要的东西。也许这个阶段，命运总是喜欢和一些人开玩笑，让一些人不得不体会到生命中的不完美，经历到人生的无常。因为太过悲伤，我不愿意再跟人建立深厚的感情和关系。即使站在经营者的立场上，我也拒绝一切新的相遇。

在接下来几年的时间里，我拒绝与这个世界上的任何人接触，过着行尸走肉般的日子。

虽然我不断告诉自己，没有永远的黑暗，总会好起来的。但越是强调，越是难以抽离，心里的黑暗，还是走不出来。

在日本关西有一句谚语，"时间即良药"。说的就是，对有些伤痛，时间是最好的解药，只有时间才能抚平所有的伤痛。

虽然很难熬，但我还是走出了这段黑暗，促使我从黑暗中抽离的，还是 20 岁时候的一段经验。人生只此一回，无论如何，我想要再燃烧一次。这个念头，就像黑暗中的一线光明，照耀着茫茫黑暗、未知的道路。

转念一想，这么多年以来，人跟人之间的缘分一直鼓舞和温暖着我。人的一生就是如此，有时候遇见一个人，自己就会改变，进而改变世界。而每一次遇见，都是偶然中的必然。无论是过去还是未来，我希望自己都能珍惜每一段缘分，用心生活下去。我没兴趣和别人比较朋友的多寡，对朋友的数量完全不感兴趣。

人生是有限的，我不想因为这些无关紧要的事情而迷惑不前。

我心爱的 blayn 公司是如此；作为一个男人，也是如此。希望能沿着一个方向，坚定不移地走下去。我不想过对不起自己的人生。无论是过去还是未来，我都要贯彻"羲"[1]这个字活下去。

让"我"变得更"美"。

唯一的意义，就是这个。

最后，如果这时候打开这本书的你，能因为读过本书而开始做某件事情，对我来说再没有比这更开心的事情了。

一本微不足道的书，也是有可能改变人的一生的。

至少，我的人生，就是被一本书改变的。

谨以此书——献给年仅 28 岁就离世的小礼。

他是 blayn 的第一个员工，是公司的董事，也是我将永远怀念的战友。

---

1 日语原文"羲"，上部分是美，下部分是我。

图书在版编目（CIP）数据

独立不羁/（日）天毛伸一著；邓超译. -- 北京：文化发展出版社有限公司, 2017.5
ISBN 978-7-5142-1716-2

Ⅰ. ①独… Ⅱ. ①天… ②邓… Ⅲ. ①天毛伸一－自传 Ⅳ. ①K833.135.38

中国版本图书馆 CIP 数据核字 (2017) 第 064769 号
北京市版权著作权合同登记号 图字：01-2016-1479

DOKURITSU FUKI by Shinichi Temmo
Copyright © 2015 Shinichi Temmo
Simplified Chinese translation copyright © 2016 by Beijing Time-Chinese Publishing House Co., Ltd.
All rights reserved.
Original Japanese language edition published by Diamond, Inc.
Simplified Chinese translation rights arranged with Diamond, Inc.
through Beijing GW Culture Communications Co., Ltd.

独立不羁

著　　者	【日】天毛伸一
译　　者	邓　超
出 版 人	赵鹏飞
选题策划	范　炜
责任编辑	范　炜
装帧设计	@broussaille 私制
责任印制	孙晶莹
出版发行	文化发展出版社（北京市翠微路 2 号　邮编：100036）
网　　址	www.wenhuafazhan.com
经　　销	各地新华书店
印　　刷	山东德州新华印务有限责任公司
开　　本	880×1230mm　1/32
印　　张	7.5
字　　数	200 千字
版　　次	2017 年 6 月第 1 版　2021年 2 月第 2 次印刷
书　　号	ISBN 978-7-5142-1716-2
定　　价	48.00 元